お金の不安を

この先ず――っと
なくすために
今できる46のこと

はじめに

得体の知れないお金の不安に悩まされるのは、もう終わり！

私は保険も売らない、金融商品も勧めない、家計簿もつけさせない、お金の使い道に口も出さない……そんなＦＰらしくないＦＰです。

・赤字じゃないけど、このままでいいのか不安
・貯まっていないわけじゃないけど、これで足りるかわからない

・お金を使うたびになんとなく罪悪感がある
・考えると不安になるから、お金のことは考えないようにしている

これらは、私のところに持ち込まれる代表的なご相談です。皆さん、お金に対する漠然とした不安を感じていらっしゃいます。不安を感じる理由は、不安の正体がよくわからないから。得体の知れない敵と戦うんじゃ、そりゃなんだか不安だし、勝てそうもないですよね。でも勇気を振り絞って直視したら、案外大した敵ではないかもしれません。

この本は、あなたが今よりちょっとだけ勇気を出すのを応援する本です。「お金のことが不安だから」でやりたいことをあきらめるなんてもったいない。他人の価値観で「これはムダ遣い」なんて決めなくていい。自分が大事にしたいものに堂々とお金を使える「お金に支配されることのない暮らし」を実現しましょう。

私は37歳からパーソナルトレーニングを始めましたが、お金の不安をなくすコツは、筋トレと同じだと実感しています。どちらも、「コツコツ」「無理なく」が続く秘訣。そして目的を決めないままだと、達成感が得にくいのも共通しています。初心者が無理なチャレンジをしようとすると危険なのも同じ。その代わり、段階を踏んで、自分に合ったやり方を見つければ、お金も体も自分でコントロールできる、一生モノの「力」が手に入ります。

この本は、「貯める」「増やす」「稼ぐ」「使う」「備える」の5つのお金とのつき合い方について書いています。

第一章「貯める」では、すべての基本となる、現状を知って家計を改善するための方法を紹介しています。第二章「増やす」は、初心者からステップアップ。今、関心が高まっている投資について解説します。第三章「稼ぐ」では、YouTube視聴者や相談者の方からもっともよく聞かれる「扶養の壁」について。これを読めば、もう「どうしよう〜?」は、なくなるはず。第四章「使う」は、中級編。自分を幸せにするためのお金の使い方をレクチャーします（これ、意外とできていない人が多いんです！）。そして第五章「備える」は、お金の不安の元凶の一つ、老後資金をどうするか問題。

ここまでやれば大丈夫！　すぐに、ラクに、簡単に……とは言いませんが、一生使える強くて、しなやかなお金の筋肉が身につくはず。「貯金」と「貯筋」があれば、人生がずっと楽しくなりますよ。漠然とした不安は自分の手で打ち破っていきましょう！

塚越菜々子

もくじ

第二章　増やす

第一章

貯める

01

「あるのにない」という不安、「ないのにある」という慢心

家計相談で開口一番、思いつめた顔をして「実は、ウチにはお金がないんです」とおっしゃる方がいます。お金がないなんて、さあ大変！　そりゃ深刻な顔にもなりますよね。不安で夜もよく眠れないんじゃないですか？　大丈夫ですよ、その「お金がない」をこれから一緒に解決しましょうね……と、いきたいところですが、ちょっと待って！　本当にお金がないんですか～？

さて、相談者の方がしばしば口にする、この「お金がない」というワード。実は、一筋縄ではいかない手ごわいヤツなんです。**ご本人が「お金がない」と思っているのはウソではないのですが、でもホントでもないのです。**だからややこしい。

もしかしたら、あなたの「お金がない」も勘違いかもしれません。勘違いで不安にさいなまれたら、損しちゃいますよね。そもそも、どうしてお金がないと思うのでしょうか？　まずはいったん落ち着いて、その「お金がない」とやらを分析してみましょう。

「お金がない」って、どういうこと？

- ☑ 銀行の預金口座の残高がない？
- ☑ 入ってくるお金（収入）がない？
- ☑ 自由に使えるお金がない？
- ☑ 貯蓄や投資に回すお金がない？

など、ひと口に「お金がない」と言ってもいろいろあります。

さらに、本当にないのかも疑ってかかりましょう。

- ☑ 預貯金は少なくても、貯蓄型の保険にいくつか入っている
- ☑ iDeCoやNISAなど見えにくいところにお金を置いている
- ☑ 変動費は少ないけど、固定費を入れたら結構、使えるお金がある

☑ 教育費がかかる今は貯金できないけど、子どもが小学生のころは貯めていた

……など。そうだったら一概に、「お金がない」とは言えないかもしれません。

見方を変えると、「ない」と不安に思っていたお金が、実は「ある」ことも。

反対に、「お金がある」と思っているのに、ない家計もあります。実はこちらの方が、家計として問題があるのですが、「お金がある」と思っているのでご本人は余裕です。たとえば、共働きで先取り貯蓄して、ボーナスが年2回出て、退職金もある……「だからウチはお金がある」と思っているケース。確かに一見、お金がありそうですが、そういう方の家計をよくよく見ると、

☑ 先取りで貯蓄しても月半ばでお金が足りなくなると、貯蓄を取り崩している

☑ 固定資産税や車検代など定年退職後も続く支払いを、定年後にはなくなるボーナスでまかなっている

☑ 退職金の金額をまったく知らない

☑ そもそもわが家の総貯蓄額を把握していない

というのが実情。それでも、**共働きで、入ってくるお金がある＝キャッシュフロ**

ーがいいので、「お金がある」という感覚になってしまうのです。「ないのにある」と思っている慢心は、いつか取り返しのつかないことになるかもしれません。

「お金がない」や「お金がある」を感覚で判断すると、現実と大きくズレてしまうことがよくあります。今、自分が立っている位置が現実とズレていたら、つまりスタート地点を勘違いしていたら、あさっての方向に進んでいって、迷子になってしまいます。いつまでたってもゴールには着きませんよね。**お金がないのか、あるのか、は感覚ではなく、通帳の残高などそう思う根拠＝客観的な金額（P.52）をもとに判断することが大事です。**要らぬ不安や危うい慢心に陥らないためにも。

まとめ

「あるのにない」の不安より
「ないのにある」の勘違いの方がヤバい！

02
夫婦の問題をお金の問題にすり替えると貯まらない

FPとして年間約200件の家計相談を受けていますが、お金が貯まらない人にはいくつかの共通点があります。収入が少ないとか、ムダ遣いが多いといった、ありがちなことではなく、たとえばこんな共通点です。

◆夫婦の問題がお金の問題にすり替わっている

うまくいかない本当の原因は別のところにあるのに、お金の問題にすり替えられてしまうケースがあります。

要するに、「それ、本当の原因は夫婦の問題だよね?」というもの。こんなケースがありました。相談者さんは、気になる支出として「夫の小遣い」と「夫の飲み会などの交際費」を挙げ、「多いので減らしたい」とのこと。私はそれほど多くはないと思いましたが、ご本人は「減らしたい」とこだわります。ところが、話しているうちに本音がポロリ。彼女が不満に思っているのは、「せっかくの休みなのに一人で出かけてしまう」「飲み会ばかりで夫婦で話す時間がない」ことだと判明。

本当の原因は「夫と過ごす時間や会話がなくて寂しい」という夫婦の問題なのに、お金の問題にすり替えられているんですね。小遣いや交際費を減らしても、彼女の不満は解消されないし、むしろ小遣いを減らされた夫との関係がギクシャクするかもしれないですよね。

お金の問題を片づけながら、大モトの原因に向き合って少しずつ解決していくこともありますが、**本当の原因を見て見ぬふりをしているうちは、お金の問題もいい方向には動きにくく、結果としてお金は貯まりません。**

◆一点突破・大きなゴールしか設定しない

「貯める」に限ったことではないけれど、「うまくいかない」と感じやすい人って、何か一つのことで事態を好転させて、大きなゴールに到達しようとしがちです。

たとえば、「教育費800万円」という大きなゴールだけを見て、「ウチは無理！」と秒であきらめる。800万円という大きなゴールにいきなり向かうのではなく、

・今いくらある？
・いつまでに貯める？
・1年にいくら貯めたらいい？
・1カ月にいくらなら貯められる？

と、**どんどん分解していけば「今の自分で」手をつけられることが見つかるものです。**

食費をちょっと減らして、パート代をちょっと増やして、投資をちょいプラスして、目標額を少し下げて……と、今の自分ができることを組み合わせて、ゴールに到達する方法もある。これなら、一つひとつはそんなに無理なことではないので、「できない！」と即断はしないはずです。

問題を分解して考えることは、「家計を管理する力」になります。分解して考えられるようになると、いろんなことが「無理！」から、「どうしたらできるんだろう？」と解決方向に向かいます。

「できない」「できる」の二者択一だとしんどいけれど、細かく分けて、0点↓1点も進歩、1点↓2点も進歩とする。あるいは点数が増えなくても、何かちょっとでも変わったら進歩。これなら自分の人生に○をいっぱいつけられます。人生、二択ではなく、何点取れたかのスコア方式でいきましょ。

◆学べばうまくいくと思っている

仕事、子育て、家事……と日々、こんなに忙しいのに学ぼうって、なんて志が高いんでしょう！　素晴らしいです。頭が下がります。でも、なかには残念なことに「学んで終わり」になっている人もいます。学んだこと自体に満足して、そこで止まってしまう人ですね。

家計管理の本を何冊も読んだし、お金のセミナーにも行った。でもわが家の家計は1ミリも改善されず、本代とセミナー代の分、支出が増えただけ。一念発起して、猛勉強をしてFPの資格を取得。資格を取ったら家計管理や資産運用がもっと上手にできるかと思ったけど、実際のところは、正直ハテナ？　知識は多くて、友達にも「スゴいね、そんなことよく知ってるね」と言われる割に、家計はちっともよくなってない。なんでだろう？　こういったこと、思い当たる人、いませんか？

学ぶことは大事ですが、学ぶだけではただの知識コレクター。そこからもう一歩を踏み出すために、**何かを学んだらそれをもとに「何か一つ変える」**と決めましょう。何かを始めるのでもいいし、何かをやめるのでもいい。学びを頭の中だけで終わらせずに、目の前の現実をわずかでも動かすクセをつける。**学ぶのは変わるため。変わるために学ぶ。**それができれば現実がどんどん好転していきますよ。

まとめ

お金が貯まらない人には、お金とは一見関係がないように見える意外な共通点がある

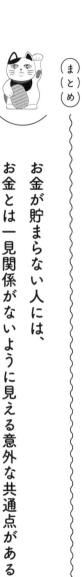

03

「貯めたい」と「痩せたい」が口癖になってない？

「お金を貯めたいな〜」と言いながら、何もしないでここまで来てしまった人、いませんか？　ダイエットでもよくありますよね。年中「痩せた〜い」と言ってるのに、ポテチを1袋完食したり、寝る前にアイスを食べたり。**「貯めたい」と「痩せたい」が、もはやただの口癖になっている人ですね。**

貯めたいと思う気持ちにウソはなくても、貯めるための行動を何もしていない人がいます。その理由が「お金を貯めること＝お金を使うのを我慢すること＝ツラいこと」（ダイエットの場合は「痩せること＝おいしいものを我慢すること＝ツラいこと」）になっているケースがあります。

お金を貯める基本は「収入－支出＝貯蓄」にすること。これは鉄板です。で、収入より支出を少なくするわけだから、使えるお金が減りますよね。あれを我慢して、これをあきらめて……はぁ～。これじゃ、貯める気力がなくなります。

でもお金を貯めている人は、実はそんなケチケチ生活からはほど遠いところにいるんです。たとえば自分と同じくらいの年齢で、パートで働いていて、子どもの数はウチより多いのに私と違ってなんか余裕っぽい。それに比べて私はお金がなくて、年中キリキリしているのに、なんで？ そういう人っていませんか？ もしかしたら、夫の稼ぎがメッチャいい可能性もありますが、多分そういう人は「貯め上手」なんだと思います。

そういう貯め上手さんの余裕を生み出している肝はこの2点！

肝その1　自分は何にお金を使うと満足度が高いかを知っている

子どもの教育にはお金をかけたいから、家は広くなくてもいい。食べることを大事にしたいから、車は中古でいい。オシャレはあきらめたくないから、献立は節約レシピを検索しまくる。自分にとって重要度が低いことの支出を減らすのは、痛くもかゆくもないもの。反対に、重要度が高いことの支出を減らすのはしんどいものです。貯め上手さんは、重要度が低い支出から減らすので余裕があるんですね。

満足度の高いお金の使い方を知る方法の一つが、**「これだけは死守したいこと」を挙げること**。たとえば、年1回の家族旅行、週末の外食、子どもがやりたいということ、無農薬野菜、動画配信サービス……など思いつくものの中から3つを厳選して優先的にお金を使うようにすると、満足度の高いお金の使い方に近づけます。

肝その2　心置きなく使える金額を把握している

支出を減らすことでお金を貯めようとすると、お金を使うたびにストレスを感じるものです。1円でも安く買うためにスーパーをハシゴするという節約に走ったり、牛乳を買ってくるように頼んだ夫がスーパーではなくコンビニで買ってきたら文句を言ったり……。

できるだけお金を使わないようにして、残った分を貯蓄に回す貯め方は、ストレスはたまってもお金は貯まりにくいもの。では、貯め上手さんはどうしているかというと、ホラ！　アレです、「先取り貯蓄」ってヤツですよ。今さら？　当たり前すぎる、聞き飽きたと思うかもしれませんが、**お金を貯めようと思うなら先取り貯蓄はやはり王道中の王道なんです。**

貯めるべきお金を先取りで貯蓄してしまえば、残りのお金は何に使おうと自由！　ぜ〜んぶ使い切ってもＯＫ！　家計簿もいらない！　残った分を貯蓄する人と、結果的に同じ金額を使っていたとしても、気持ちの自由度は圧倒的に違います。**同じ金額を使うなら、ビクビクしながらではなく、晴れ晴れとした気持ちで使いたいですよね。**これなら「お金を貯めること＝ツラいこと」にはなりません。結果、順調に貯まっていくというわけです。

まとめ

お金を貯める極意は、メリハリ使いと先取り貯蓄

04

住居費は収入の3割以内でなくてもいい、ってホント⁉

「ウチは食費が〇万円かかっているんですけど、もっと節約しないとダメですよね？」。家計相談で、ものすご〜く頻繁に聞かれるこの質問。確かに、よそのうちと比べて支出額が多い費目があると気になりますよね。主婦向け雑誌で「4人家族で食費月2万円！」などの記事を目にすると、途端に自分がダメ主婦に思えてくるし、よそのうちの家計が知りたくなるものです。

わかりました。では、みんな大好きな「平均値」をご紹介いたしましょう。数人の人に聞いた信ぴょう性のうっすい数字ではなく、総務省の家計調査の数字です。

2人以上世帯の1カ月間の支出

世帯人数 3.23人

食費		89,058円
	食材 67,649円	
	外食 17,832円	
	酒 3,577円	
住居費		25,149円
水道光熱費		18,963円
家具・家事用品費		12,142円
被服・履物費		12,465円
保険医療費		15,278円
交通費		38,662円
	車関係費 31,058円	
	交通費 7,604円	
通信費		13,934円
教育費		25,131円
教養娯楽費		31,945円
その他		47,863円
	雑費 25,176円	
	こづかい 6,091円	
	交際費 7,476円	
	仕送り金 9,120円	
合計		330,590円

総務省統計局「家計調査2023年10月分」を参考に編集部で作成

では平均値を一つずつ確認していきましょうね。まず調査対象家計の構成人数から。平均3・23人です。えっ？　ウチは4人家族ですって？　あらじゃ、平均値が当てはまりませんね。そもそも3・23人なんて家族人数はあり得ないし。

住居費の平均は2万5149円。えっ？　お宅の住宅ローンはこの5倍？　全然違いますね。車関係費の平均は3万1058円。車は持ってないですって？　小遣いの平均は6091円。ウチの子どもの小遣いより少ないですって？

ほらね、やっぱり「平均値」なんて、な〜んの役にも立たないものなんですって。それに、わが家の家計には「被服・履物費」「交通費」なんて費目がないから、費目分けからして違うし。

つまり**世間一般の家計の平均値は、わが家の家計が健全かどうかを判断するときにはほとんど役に立たないってことなのです。**

平均値以外にも、雑誌やネットの情報でよく目にする「住居費は収入の3割まで」「お小遣いは手取りの1割」といった理想の支出割合も同じ。初めて一人暮らしをするときとか、結婚して2人の暮らしをスタートさせるときなど、まだ「わが家の暮らし」がイメージできないときは、世間一般の金額を目安にして家計を作ってみるのもアリ。でも、わが家の暮らしが出来上がっているのなら、つまり、**わが家がお金をかけるところと、かけないところが決まっているなら、一般論に合わせなくてもよしです。**

統計データとか、家計の黄金比率とか、どんなにたくさんの情報を手に入れることができても、自分の家計に置き換えるのは難しいものです。難しいし、そもそも合わせる必要はないんです。だって、**家計は最終的には「個別」の話なんですから。**

世間一般のお金の使い方に振り回されるより、自分たちがこだわりたいこと、優先したいことにお金を割り当てた方が気持ちよくお金が使えますよ。

まとめ

平均値や一般論より、わが家のこだわりを優先したお金の使い方が大事

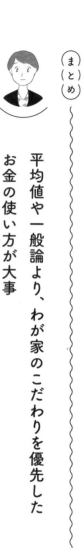

05

「悪いどんぶり勘定」と「いいどんぶり勘定」

「どんぶり勘定」の意味を辞書で調べると「細かく計算などをしないで、大まかに金の出し入れをすること。昔、職人などが、腹掛けのどんぶりから無造作に金を出し入れして使ったことからいう」だそうです（「デジタル大辞泉」より）。

家計管理ができていなかったころの私は、家計簿をつけて細かく支出管理をしないと、どんぶり勘定になると思っていました。だって、辞書にも「細かく計算などをしないで、大まかに金の出し入れをすること」ってあるでしょ。大ざっぱな性格の私は、どう考えたって腹掛け（エプロンのようなもの）についているどんぶり（ポケットのようなもの）に手を突っ込んで、握ったお金を出し入れするどんぶり勘定派。お金を貯めるためには、どんぶり勘定をやめて、何にいくら使ったか、支出を細かく記録した家計簿をつける必要があると思っていました。

でも、今ならわかります。**どんぶり勘定でも「いいどんぶり勘定」ならお金は貯まるということが。**今の私はと言えば、1カ月の食費の金額を知らない、レシートは捨てる、何にいくら使ったかわからない、そもそも家計簿をつけていない……これって、どんぶり勘定ですよね？　でも毎月、貯蓄ができているし、お金の不安はありません。その理由は、1カ月の食費の金額は知らないけれど、1カ月の「変動費」（P.54）の金額は知っている、レシートは捨てるけれど、教育資金や老後資金など将来必要になるお金のことは把握している、日常的な買い物金額はチェックしていないけれど、ボーナスの使い道は決めている、家計簿はつけていないけれど、特別支出（P.36）用の先取り貯蓄をしているからです。

細かいところはどんぶりでも、全体的なことについてはどんぶりではなく、キチンと決めている……これが「いいどんぶり勘定」。一方、レシートは捨てるし、将来必要になるお金のこともチンプンカンプンなのが「悪いどんぶり勘定」です。

「いいどんぶり勘定」は、1カ月のうちでお金のことを考える時間や頻度が最少で済みます。一方、「悪いどんぶり勘定」は普段はお金に無頓着に過ごしているのに、ときどき、ふと「このままで大丈夫?」とものすご〜く不安になったりするものです。

また、収入が少なくても「いいどんぶり勘定」なら貯まる家計になりますが、収入が多くても「悪いどんぶり勘定」だと貯まりにくいです。貯まる・貯まらないに収入は関係ありません。もちろん、収入が多い方が貯まるポテンシャルは高いです。でも、「悪いどんぶり勘定」のせいで、そのポテンシャルが無効になってしまうのはとっても残念なことですよね。

まとめ

どんぶり勘定でも、「いいどんぶり勘定」ならお金は貯まる

06

家計管理は「引き算」が大事！

家計管理がうまくいかない人には2つのタイプがあります。1つは、家計のことに無頓着で何もしないタイプ。「何もしなければ、そりゃ、うまくいかないよね」というヤツですね。もう1つは、**「やったらいいよ」と言われたことをやりすぎて、家計がぐちゃぐちゃになってしまうタイプ**。今回はこちらのお話です。

家計管理に一生懸命になるあまり、よかれと思って次々に新しい家計管理テクを取り入れているのに、やればやるほど手間が増えて、しかもお金が貯まっていく気配がまったくしない。そして何が悲しいって、こういうタイプの人は根が真面目なものだから、言われたことをそっくりそのまま真似しようと頑張ってしまうんです。

たとえば、給料が入ってくる口座と支払い用の口座は分けた方がいいと言われて、新しい口座を作り、貯蓄用口座は目的別に分けた方がいいと言われて、教育費用、住宅ローンの繰り上げ返済用、家電の買い替え用、税金用……と口座をいくつも作り、ネットバンクの方が利率がいいと言われて、ネットバンクに口座を開設し、口座がどんどん増えて管理できなくなっているケース。

また、私が家計相談を受けた方の中には、やりくり初心者さんは袋分けがわかりやすいと言われて、袋分け用のファイルを買い込み、ポイントを貯めるならこのクレジットカードがポイント還元率がいいと言われてカードを作り、キャッシュレスならATMでお金を下ろす手間がないと言われてキャッシュレス決済のアプリをインストールして……と、日々やることが多くてパンパンになっちゃっているケースもありました。

家計管理をラクにするために、そしてお金を貯まりやすくするために、「やった方がいいよ」と言われたことを素直に実行していたら、いつの間にか倒れる寸前！**いろんなことを足して足して、やらなきゃいけないことがいっぱいで、ヘトヘトになってしまったら、いったん、ぜ～んぶストップ！**

家計管理はシンプルなほどよし！ 銀行口座を増やしてもお金は増えません。まとめられる口座はまとめましょう。ポイント還元率に振り回されてカード管理に手間がかかるなら、ポイントは捨てて現金払いでＯＫ！ 現金払いの方がラクなら、世間の流れに合わせて無理にキャッシュレスにしなくてよし。

家計管理のいわゆる「テク」には、人によって向くものと向かないものがあります。 自分に向くものだけを採用して、向かないものは無理に取り入れる必要はありません。どこかの誰かが「これいいよ」と言っても、それが自分にとってもいいとは限りませんから。

向かないものをうまくできるようになるまで、頑張る必要はまったくありません。 根が真面目な人は、できないのは自分の努力が足りないせいだと思って、つい頑張っちゃいますが、そんなことはしなくていいんです。やってみたからこそ、合わないことがわかったのですから、それだけでも試したかいは十分あります。

それに、「いいよ」と言われていることをそのまま採用しなくても、**自分がやりやすいように自分流にアレンジするのもアリなんですよ。**

やることが多すぎてごちゃごちゃして息苦しいと感じたら、やることをどんどん引き算していくことを私はオススメします。

まとめ

人が「いいよ」と言っても、自分に向いていない家計管理テクは即やめてよし

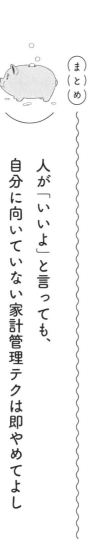

07

貯めているつもりなのに残高が減っていく、その原因は？

家計相談で「毎月5万円、先取り貯蓄しています」とおっしゃる方がいます。「素晴らしいですね。1年間でどのくらい貯金が増えましたか？」と聞いたら、「40万円ぐらいです」と涼しい顔でサラリとおっしゃる。おやおや？　変ですね、つじつまが合いませんね。もしかして、貯金していると思っているそのお金、実は貯金じゃないのでは？

貯金が思ったように増えない家計の〝あるある〟です。先取りで貯金しているのに、貯金残高が思ったように増えない。その理由は明快。途中でお金を下ろして使っているから。そして、**そのお金の行き先は「特別支出」です。**

特別支出とは、住居費、水道光熱費、通信費、食費などのように毎月支払うわけではないけれど、**年に1〜2回や、数年に1回などイレギュラーに発生する支払いのこと**。たとえば、次のような支出が挙げられます。

◆よくある特別支出一覧

保険・税金関連

年払いの生命・医療保険料、火災保険料・地震保険料、固定資産税など

自動車関連

自動車税、年払いの自動車保険料、車検代、タイヤ交換費用など

住宅関連

賃貸住宅の更新料、NHK受信料、自治会費、くみ取り費用、シロアリ予防費用など

家具・家電関連

購入費、買い替え費、修理メンテナンス費用など

教育費関連

年払いの通信教育費、習い事の発表会費、部活の合宿費、夏期・冬期講習代、ピアノ調律費用など

旅行・イベント関連

七五三、成人式、GW、夏休み、年末年始、帰省などにかかるお金

家族関連

誕生日、クリスマス、お年玉、結婚記念日などにかかるお金

交際費関連

お中元・お歳暮、父の日・母の日・敬老の日などにかかるお金

その他

コンタクトレンズまとめ買い、クリーニング、サブスク、ふるさと納税、クレジットカードなどの年会費、インフルエンザ予防接種などにかかるお金

特別支出は、実は結構あって、想像以上に家計を圧迫しています。特別支出の怖いところは、「毎月、払うわけじゃないからね～」と、家計管理から外してしまう

こと。また、貯金ができない月や赤字の月に「今月は車検があったし仕方ないよね」「まさか冷蔵庫が壊れちゃうなんて思わなかったから」と言い訳に利用されがちです。

ホラ、よく「今月は急な出費があって……」と言いますよね。でも自動車税の納期は毎年5月だし、家族の誕生月は決まっているし、クリスマスは12月だし、実際は、急でもなんでもないんですよね。

相談者さんは、毎月5万円貯金しているつもりでも、貯金残高が年間40万円しか増えないのは、20万円はイレギュラーに発生する特別支出に使ってしまったから。**この分は「貯金」ではなく、数年内に使うことが決まっているお金を一時的に金融機関に預けているだけなんです。**これが、「先取りで貯金したのに貯まっていない」現象のカラクリです。

このケースでは、貯金があったので家計が赤字にはなりませんでしたが、もし貯金がなければ20万円の大赤字。税金や年払いの保険料など払うべきお金が払えない事態に。そうならないためには特別支出のお金を計画的に貯めることが大事です。

そして**収入が少ない家計ほど、特別支出のリスト化と予算立てをていねいに。**収入が多い家計の場合は、リストもれや、予算と実際にかかった金額に多少の誤差があってもカバーできますが、収入が少ない家計だとやりくりが苦しくなります。

特別支出を確保すると、「今月、自動車税の支払いだった！　どうしよ～」と慌てることがなくなります。毎月の支出のムラが減り、赤字を防止できて、やりくりがラクになりますよ。

まとめ

特別支出用のお金を確保して、貯金を守る

08

「なんとなく」貯め始めると ゴールを見失う

これまでお金のことに無頓着だった人が、あるとき、ふと「これじゃマズい！」と気づくことがあります。あるいは、なんとなく貯めてはいるのですが、「この額じゃ足りないかも。もっと貯金を増やさなきゃ」と焦ることがあります。

そんなとき気をつけたいのが、「なんとなく」お金を貯めようとしないことです。もちろんお金は貯めるんですよ。そこは合ってます。でも、「なんとなく貯める」は間違いなく、あとで自分の首を絞めることになります。

なぜかって？ だって、なんとなく貯めていて、「お金はもう十分貯まったから、な〜んにも心配いらないわ」なんて状況には、そうそうなりませんから。はたから見ると十分な蓄えを持っている人でも、「足りないかも？」の不安を抱えている人は少なくないんですね、これが。

お金を貯めようと思ったら、まずはゴールを決めましょう。それを決めないと、ずっと走り続ける＝貯め続けることになります。貯めても、貯めても、「まだ足りないかも？」と不安になって、お金の不安から一生解放されません。あるいは、ゴールしていないのに、ゴールしたと勘違いして貯めるのをやめちゃう危険性もあります。

なので、大まかでいいのでゴールを設定しましょう。**ゴールとは「何のために、いつまでに、いくら」貯めるかということ。**ここでは、前ページで解説したように、預貯金が増えない原因となる「特別支出」（P．36）と、人生のうちで大きな支出となる、住宅資金、教育資金、老後資金の「三大支出」（P．47）についてゴール設定の仕方を解説します。

どちらにも共通するのは、この2つのステップです。

1　目標額と「いつ使うか」を決める

2　1年間に貯める金額を計算する

まずは特別支出を例にとって説明します。目標額はP．37のリストを参考にして予算立てします。「いつ使うか」は保険料（年払い）や誕生日などであれば毎年、車検代や家電の買い替え費などはもっと頻度が低くなります。目標額を必要になるまでの年数で割れば、1年間に貯める金額が算出できます。

また、三大支出の目標額は下図を参考にしてください。住宅資金は「家を買うとき」、教育資金は「子どもが大学に進学するとき」、老後資金は「定年時まで」に貯めるということになります。

次に問題となるのはどうやって貯める

三大支出の目標額（目安）

老後資金	教育資金	住宅資金
公的年金では足りない生活費×生きている期間分（65歳定年で90歳まで生きると想定すると25年間）。詳しくは第五章参照	大学進学の費用は国公立大学で500万円、私立文系で700万円、私立理系で800万円程度（奨学金を利用しない場合）	住宅ローンを利用する場合は、初期費用として購入したい物件価格の1～3割

か？です。毎月の収入から一定額を積み立てていくのが基本ですが、会社員など、毎月の給与に加えてボーナスがある場合は、「ハイブリッド型」という選択肢もあります。

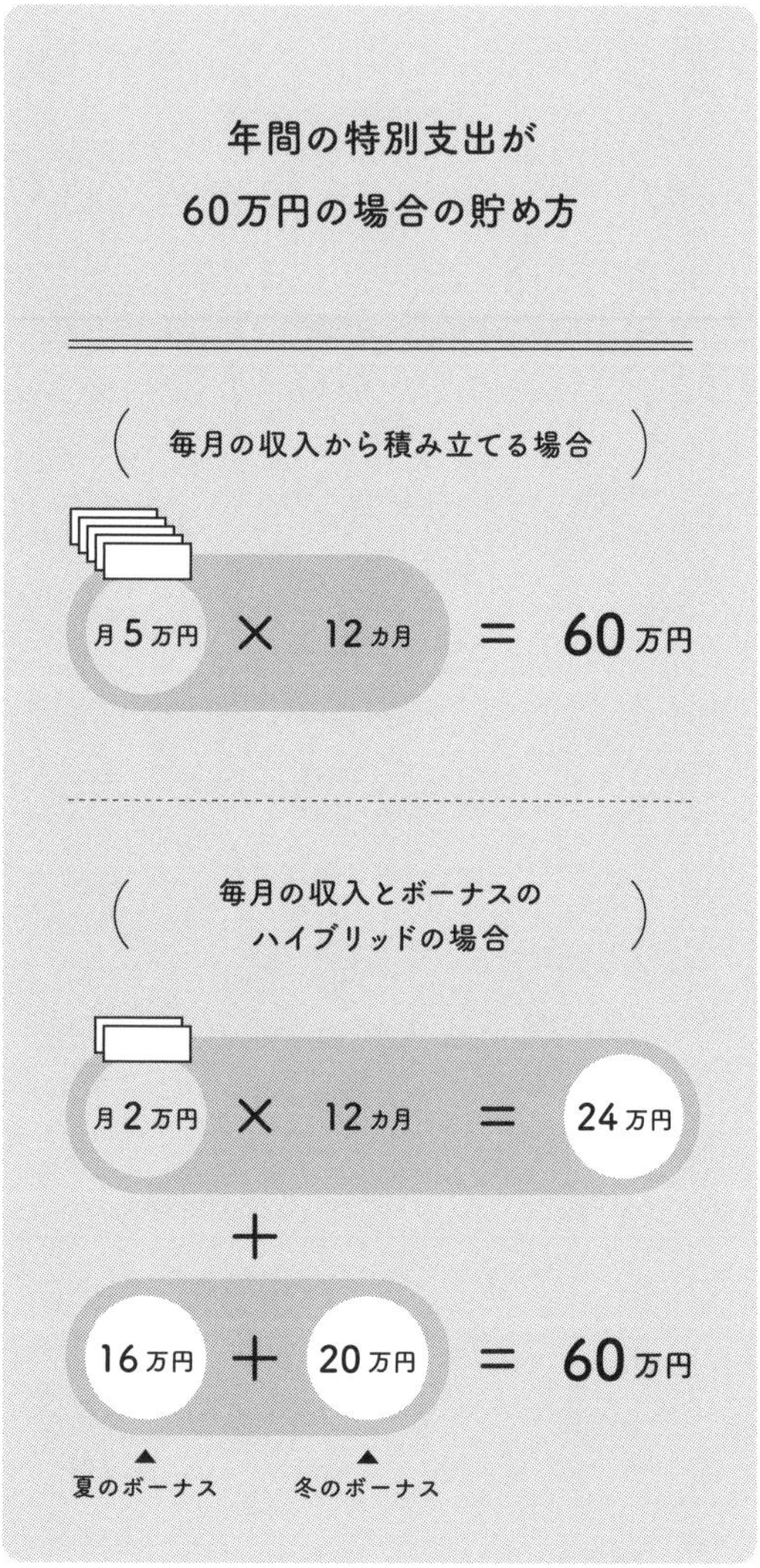

それでは、実際に、いつまでに、いくら貯めるか書き出してみましょう。

1年間に貯める金額の算出方法

目標額　　　　　　必要になるまでの年数※

円　÷　　年

※毎年必要になる支出には「1」を入れる

=　　円

毎月の収入から　　　　ボーナスから

円　　　　円

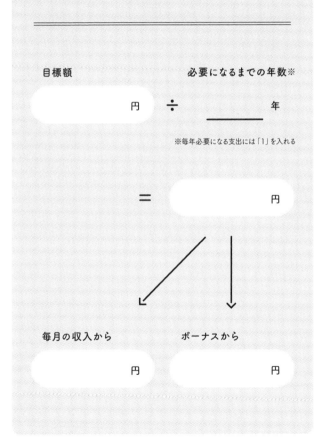

目標額と併せて、毎月の収入から捻出するのか、ボーナスも併用するのかも決めておきましょう。なお、**ボーナスでまかなっていいのは、定年後にはなくなる支出だけ。**火災保険料、固定資産税、家電の買い替え費など定年後も続く特別支出をボーナスでまかなうのはＮＧです。

どうですか？　ゴールが明確になると、貯めることが現実味を帯びてきませんか？　やるべきことが見えてきて、貯めるモチベーションが上がるはずです。

まとめ

貯め始める前に目標額、いつ使うか、1年間に貯める金額を確認する

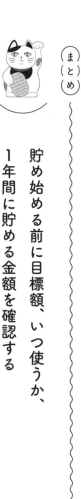

09

人生で貯めるべき三大支出、優先すべきはどれ？

前項で登場した人生の三大支出の「住宅資金」「教育資金」「老後資金」は金額が大きいので、1カ月分の月収では到底まかない切れません。**目標額に到達するには長い時間をかけて貯める必要があります。**

「人生の」なんて、大げさな枕詞がついているくらいだから、どれも重要であることは確か。では、どれを優先して貯めたらいいのか？　子どもが小学校に上がるまでにマイホームを買えば、途中で転校しなくて済むからと住宅資金を優先しますか？　それとも、子どもの大学進学費用は必要になる時期が決まっているから教育資金を優先しますか？　自分たちの老後はまだまだ先のことだから、住宅資金と教育資金の見通しがついてからでも間に合うし……って、思っていませんか？　確かにそう思いがちですよね。

実は、優先すべきは、住宅資金でも教育資金でもなく、老後資金なんです。理由は、**住宅資金や教育資金と違って、老後資金はローンが組めないから。借りることができないからです。**

住宅を購入するときは、ほとんどの人が住宅ローンを借ります。借りることができなければ「買わない」選択をしたり、または頭金をもっと貯めてから買うなど時期をずらすことが可能です。

教育資金はどうでしょう？　大学入学時期は決まっています。お金がまだ貯まっていないから、あと2～3年待ってくれる？とはいきません。となると、優先しなければいけないような気がします。でも教育資金が足りなければ、「奨学金」を借りることができます。経済状況、学力、意欲によっては返済不要の給付型の奨学金制度もあります。本人が借りる以外にも、親が借りる教育ローンというのもあります。

では、老後資金は？　「老後資金ローン」というのは、残念ながらないんですね。老後資金が足りないからといって、銀行も自治体もお金を貸してはくれません。「リバースモーゲージ」っていうのがあるじゃないの？　テレビCMで見たことある。老後資金を借りられるんでしょ？と思うかもしれません。これは、自宅を担保にして銀行などの金融機関からお金を借りるというものですが、誰でも借り入れ審査を通るというわけではありません。

ということで、人生の三大支出の中で優先すべきなのは老後資金。**老後資金を貯める準備をしたうえで、教育資金や住宅資金にお金を割り振るというのが順当です。**

子どもに選択肢のある人生を与えてあげたい親心はよ〜くわかりますが、教育資金を無理したせいで老後資金がすっからかん。銀行がお金を貸してくれないからと、子どもに仕送りをお願いするようになったら、本末転倒ではないですか？　仮に、**子どもが奨学金を借りることになっても、自分たちの老後資金の見通しがついたら、**

代わりに返済することもできます。

遠近法と同じで、老後は遠くにあるので大変さが小さく見えがち。老後にお金に困る事態を過小評価するのは危険です。備える順番を間違えてはいけませんよ。

まとめ

住宅資金と教育資金は借りられるけど、
老後資金は借りられないから優先して貯める

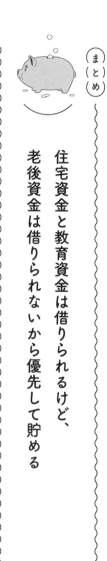

10

勝手にお金が貯まる仕組みをつくる

勝手にお金が貯まる!? そんな夢のような仕組みを、次の4ステップでつくることができます。各ステップについて、わが家のケースの金額をノートに書き出すと、勝手にお金が貯まる仕組みがつくりやすくなります。

勝手にお金が貯まる仕組み

STEP 1 **わが家の総資産額を知る**

銀行口座の残高、保険の解約返戻金、投資の評価額、負債額を確認する

▼

STEP 2 **必要貯蓄額を計算する**

特別支出と住宅資金、教育資金、老後資金を確認する

▼

STEP 3 **変動費＝使えるお金を知る**

月収から貯蓄と固定費を引いて変動費＝今月使えるお金を確認する

▼

STEP 4 **はみ出し部分を整える**

固定費、変動費、貯蓄が収入の金額内に収まるようにする

STEP1　わが家の総資産額を知る

通帳の残高はちょいちょい見るけれど、「わが家の総資産額」を聞かれると、あら?となりませんか?　勝手にお金が貯まる仕組みをつくるファーストステップは現状を知ることから。見えにくい資産もあるので、一つずつ確認していきましょうね。

銀行口座の残高

銀行の普通預金、定期預金、積立預金などの残高をすべてチェック。普段使っていない口座、通帳がない財形貯蓄も忘れずに。

保険の解約返戻金

貯まるタイプの保険を解約したときに戻ってくるお金＝解約返戻金は資産です。変額保険など運用によって解約返戻金が変わる場合は、現時点で解約した場合の返戻金を確認。

投資の評価額

ＮＩＳＡ、ｉＤｅＣｏ、企業型ＤＣ、証券会社の特定口座などの投資商品（投資信託や株式）、従業員持株会などは、現時点での評価額をマイページにログインするなどで確認。パスワードを忘れた場合はこのタイミングで再確認や再発行を。

負債額

マイナスの資産も確認します。住宅ローン、自動車ローン、奨学金、クレジットカードのリボ払いなどの借入残高、保険からの借入残高など。借入利率、残りの返済期間も確認しておくと安心です。

今どきの共働き夫婦は、相手の年収や貯蓄額をよく知らないというケースもありますが、**いったん全部をオープンにするのが、勝手にお金が貯まる仕組みをつくる近道。**お互いの資産や収入を内緒にして、それぞれが好き勝手にやっていたら貯まるものも貯まりません。勝手にお金が貯まる仕組みがつくれたら、自分個人の資産や使えるお金が増えるかもしれませんよ。

STEP2　必要貯蓄額を計算する

Ｐ.44・45を参考に、人生の三大支出と特別支出に備えて毎月貯める分を貯めます。先取りで貯める分は給与天引きで専用口座、ＮＩＳＡ、ｉＤｅＣｏなどで貯めます。実はこれが「勝手にお金が貯まる仕組み」の肝。必要な貯蓄を先取りで確保しておくことが、ラクしてお金を貯めるコツです。

必要貯蓄額を算出する際には、STEP1で確認した資産の中に、学資保険があったらその分を教育資金の目標額から引く、個人年金保険の受取額、iDeCo、企業型DCの現時点での評価額を老後資金の目標額から引く、住宅財形貯蓄の残高を住宅資金の目標額から引く、定期預金の残高を特別支出に充当するなど、すでにある資産を必要な貯蓄に割り当てます。

STEP3 変動費＝使えるお金を知る

まず手取り収入（税金と社会保険料を引いた金額）を把握。共働きの場合は夫婦の手取り月収を合算。給料天引きで貯めている財形貯蓄などの金額は収入に含めます。

固定費とは、住宅ローンや家賃、水道光熱費、保険料、通信費など。毎月支払いが発生し、金額が大きく変わらないものです。クレジットカードの利用明細や銀行口座の履歴などから毎月の固定費を確認しましょう。

そして、収入からSTEP2で出した貯蓄額と固定費を引いて、変動費の金額を出します。この金額で食費、日用品費、外食・レジャー費など日常生活で使うお金をやりくりします。何にいくら使ったかはこの際、関係なし。とにかくこの金額内に収まればいいんです。赤字にさえならなければ、先取りで貯蓄に回した分が勝手に貯まっていくからです。

そうは言ってもね～、ここを使いすぎないようにするのが難しいんですよね。

変動費の赤字を防ぐには、まず今月あといくら使えるかを「見える化」すること。変動費分を月1回まとめて現金で下ろして、ジッパーつきポリ袋などに入れ、そこから出して使う、クレジットカードで支払った場合は袋から現金を出して別の袋に取り分ける、家計簿アプリで今月あと使えるお金をチェックする……などの方法で、あといくら使えるかを見える化すると、使いすぎにブレーキがかかります。

また友人との飲食代、自分の趣味に使うお金、オシャレ費など個人的に使うお金はいくらまでと決めて固定費にして個人で管理。友人との飲食代を外食費から出したり、日用品費で自分が読む雑誌を買うのはNG。個人費と変動費をごっちゃにしないことも変動費の赤字防止に役立ちます。

STEP4　はみ出し部分を整える

「勝手にお金が貯まる仕組み」の家計のカタチ（左図）は、①の長方形です。②はカタチは長方形ですが貯蓄がないので、今はいいですがこの先が不安。

③は赤字家計。④は先取りで貯蓄したつもりでも、実はちょいちょい貯蓄を崩して赤字を補てんしている家計。

③④ははみ出し部分をなくし、②は貯蓄を含めて長方形にする必要があります。支出を見直す場合は固定費から減らせるものがないかを見ていきます。固定費が多すぎるせいで使えるお金が少なすぎて、どうやっても収まらないケースもあるからです。サブスク、スマホ、保険など固定費の見直しを。

また、**貯蓄分が多すぎるのもはみ出しの原因になります。**目標貯蓄額がわが家の収入に合っていないことが考えられます。**先々の備えはバッチリでも、今の暮らしがカツカツすぎるのは要見直しです。**

固定費も、変動費も、貯蓄も見直して、**削れるものはすべて削ったのに、それでもはみ出す場合は、収入を増やすことを考えましょう。**

勝手にお金が貯まる仕組みの家計のカタチに整える

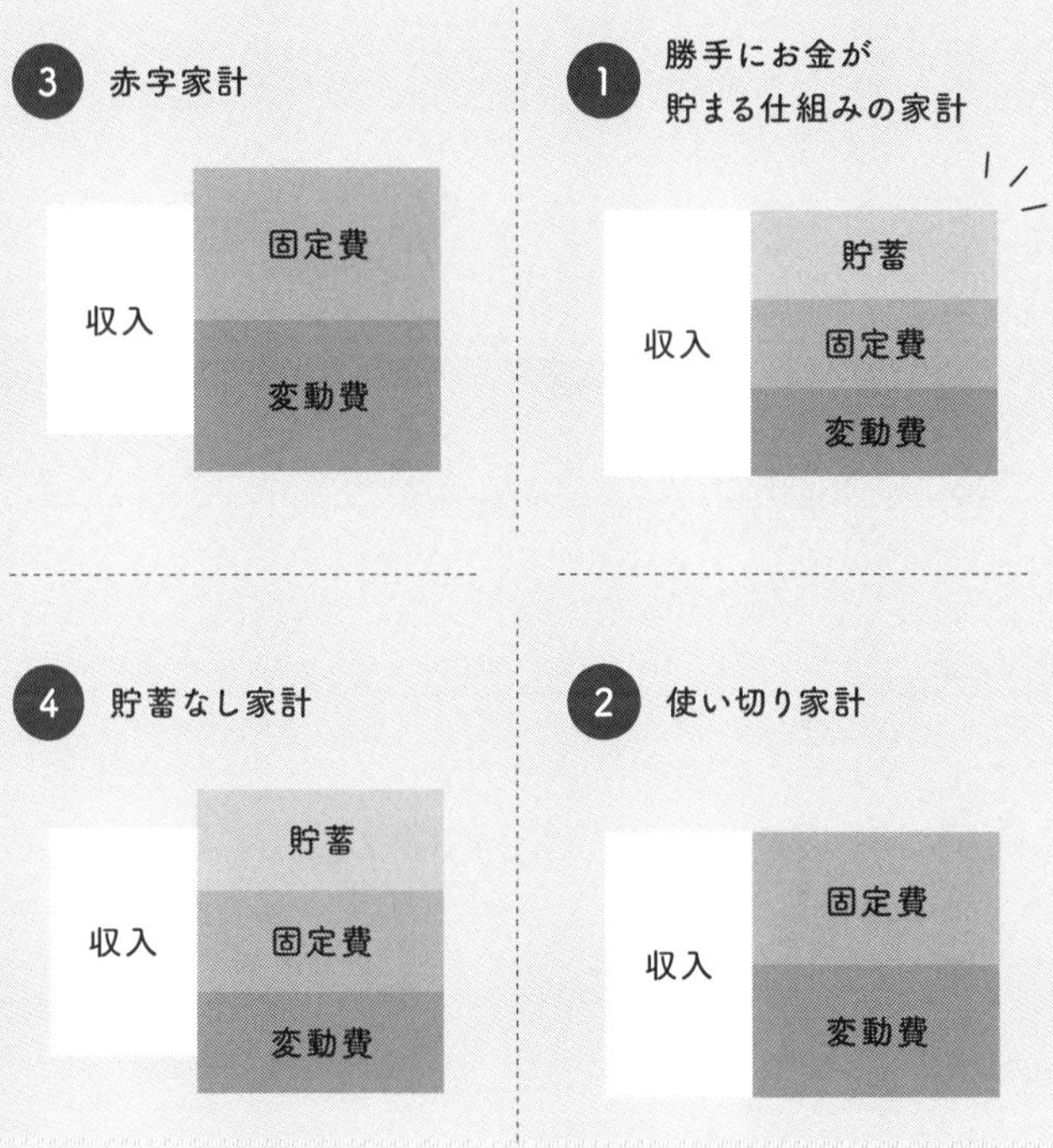

FPナナコは、相談者さんが貯まる仕組みの家計をつくるサポートをしていますが、赤字家計から大逆転の貯まる仕組みの家計になった家計がたくさんあります。

たとえば、3カ月で去年1年間分の貯蓄を超える130万円を貯めた家計、夫婦のお金をオープンにして、家計で使うお金を明確にしたら貯蓄が2年間で26倍になった家計、なんとなくお金を使っていたのが、今月使えるお金がわかったら月15万円の赤字が黒字になった家計、収支トントンだったのが目標貯蓄額を決めたら年200万円貯まるようになった家計など。

「勝手にお金が貯まる仕組み」をつくれば、漠然としたお金の不安から解放されますよ。

まとめ

貯まる仕組みをつくるのは面倒くさいけど、
お金を貯めたいなら、やるっきゃない！

11

こだわりはどこ？ 支出に「濃淡をつける」

お金を貯める公式は「収入－支出＝貯蓄」なので、毎月の貯蓄額を増やしたいなら、収入を増やすか、支出を減らすかの二択しかありません。なぜかときどき、これ以外の方法を見つけようとする人がいますが、残念ながらありません。「宝くじを当てる」「誰かからお金をもらう」など、「棚ぼた的」に増やす手があるかもしれませんが、そんなものは再現性がないのでダメです。

なので、貯蓄額を増やすなら、収入を増やすか、支出を減らすか、どちらかしかないと、まず覚悟を決めてください。どちらでも構いません。「1万円支出を減らすぐらいなら、1万円稼ぐ方がいい！　仕事、見つけてくるから」という人もいます。それならそれで、もちろんオッケー！　とはいえ、みんながみんな、すぐに稼ぎを増やせるわけではありません。**収入を増やせないのなら、やるべきことはただ一つ。支出を減らすことです。**

支出を減らす3ステップはとってもシンプル。

1　何にお金を使っているかを把握する
2　明らかにムダだと思う支出を減らす
3　こだわりのない支出から減らす

減らすもなにも、何に使っているか、よくわかっていないのに、目につくところから減らすのは健康を害したり、家族や夫婦の仲を悪くします。なので、まずは1カ月だけ家計簿をつけるなどで、何にいくらお金を使っているかを把握します。

次に、レシートを見て家計簿に金額を記入しながら、「これはちょっと使いすぎだな」「これはもう少し減らせるな」という気づきがあれば、それらを減らします。明らかにムダだと自覚できる支出を減らすのは簡単です。それで目標貯蓄額が確保できれば、はい、おしまい。お疲れさまでした。

さて、ここからがだんだんと難しくなっていきます。目立った支出がある場合はそこを減らせばいいけれど、難しいのは「どれもそんなに多くない」のに「全部が少しずつ多い」場合。支出に濃淡がない家計ですね。ココは減らせない、ココはお金をかけたいという「濃い」ところがなく、ぜ～んぶにうっすら多めにかけて、ゆとり多めの家計です。

「ゆとりは悪だ！」なんて言うつもりは毛頭ないんです。必須の支出にしかお金を使わない、干物のようなカッサカサの家計は楽しくないし、ツラいです。でもね、たいていの家計は収入額がほぼ決まっています。だから、全部の支出をゆとりにすることはできないんです。

問題は、限られたお金をどのように割り振るか、予算配分するかです。だから、支出に濃淡＝メリハリをつける必要があるのです。自分や家族がこだわることにはお金を濃くかけて、こだわりがないことには淡くかけるということですね。

「食」にこだわるなら割高でも国産食材ＯＫ、子どもの帰宅時間に家にいられないなら、子どものテンションが上がるおやつを買うのもＯＫ、週末くらい夕飯作りから解放されたいなら外食ＯＫ。大事だと思うことにお金を濃く使うのはＯＫだけど、その分、こだわりがないことには淡く使うってことです。

とはいうものの、「どれが大事なのかよくわからな～い」という人のために、自分が本当にこだわっているのか、そうでもないのかを見分けるヒントを2つ伝授します。

「いつも買っている理由を考える」と「必要性を見極めるためにやめてみる」です。

いつも買ってるから、いつもこの店で買うからというものは、なぜ買うのか、どうしてその店なのか、理由を考えます。買い始めたときには理由があっても、今となってはその理由が思い出せないというのは、惰性で買っているのかも。どうしても買いたいというこだわりがないなら、やめてもいいかもしれません。

また、食材宅配サービス、動画・音楽配信サービス、レンタルウォーターサーバー、レンタルモップなどサブスク契約になっているものはいったんやめるのも手。完全にやめるのはハードルが高い場合は、1週間や1カ月だけでもいいです。やめてみて「いや無理！　これはないと無理！」となるか、「お、意外と平気だぞ」となるか。絶対無理なら続ける、意外と平気ならそのままやめてもいいんじゃない？

減らすよりやめる方が簡単なこともあるし、やめてしまえば全額削減になります。たとえば車関係費。自動車保険を見直したり、ガソリン代を節約したりするより、車を手放せば即0円です。週末の外食は回転寿司→ファミレス→フードコートと安いお店にするより、やめれば0円。**支出をチマチマ減らすのって、結構ストレスになるので、思い切ってパッとやめてしまう手もあります。**

こだわりのないことにお金を濃く使うと「もったいないことしたかも」と後悔することに。反対に、こだわりのあることに濃く使えば「使ってよかった」と思いますよ。

まとめ

濃淡のないのっぺりした家計は、お金が貯まらない

12

「これだけは減らせない」、じゃあ、どうする？

支出を減らすステップを実践しても、明らかにムダな支出が見つからなかったり、それらを減らしただけでは、目標貯蓄額に達しない場合も出てきます。その場合は、支出同士を比較検討してみましょう。車は走ればいいから軽自動車でいいとか、スマホはＬＩＮＥができればいいから格安プランでいいとか、こだわりのない支出を見つけ出します。

本当に難しいのはこの先。ここまでやっても、まだ目標貯蓄額に届かない場合です。この時点で残っているのは、自分としては減らせない、こだわりの強い支出ばかりのはず。言い換えれば、これまでの生活を変える覚悟で取り組む必要があるということです。私もそうだけど、人って、変わるのが苦手なんですよね。足踏みしちゃうんですよね。きっとものすごく心が反発すると思います。「減らさないといけない、でも減らしたくない」と思う支出があったら、紙に書き出しましょう。そして、その隣に「じゃあ、どうする？」と書いて、その答えを書き込みます。

他の支出を削るなど「じゃあ、どうする？」の答えが見つかればいいですが、見つからない場合は、この支出を減らすしかありません。**今まで当たり前のようにかけていたお金を減らすのは、今の暮らしや自分の行動パターン、もっと大げさに言えば価値観みたいなものを変えること。**大変だよね。でもね、貯蓄を増やしたいんでしょ？　今のままだと、目標額に届かないんでしょ？　なら、変わるっきゃないのです。

まとめ

本気《マジ》で貯蓄を増やそうと思うなら、今の生活と自分を変えるくらいの覚悟が要る

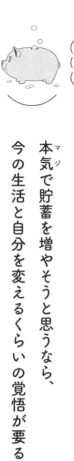

13

貯蓄は貯蓄、保険は保険、混ぜるな危険！

お金は預貯金で貯めるというのが、まあ、一般的ですが、そうは言ってもね〜、銀行にお金を預けてもほとんど増えないこのご時世、「保険でお金を増やそう」と考える人もいますよね。でも、それ、本当にお得でしょうか？

そもそも保険とは、日常生活で起こるアクシデントに備えるもの。死亡、病気、ケガ、事故、火災、台風、地震などは、起こる時期を予測することができません。そして不運にも起きてしまったら、自分一人の力でその損失をカバーするのは難しいです。だから「もしものときのために、みんなで少しずつお金を出し合って助け合おうね」というのが、もともとの保険の基本的な考え方です。なので、**自分が**

払ったお金は、自分が不幸な目に遭わない限り戻ってきません。保険とは、そもそも「掛け捨てる」のが基本です。だから、不幸なことが起きていないのに、お金が戻ってくることを期待するのは、ちょっと違うんですね。

「でも、もしものときの保障がついて、さらにお金も貯まるならお得じゃない？　保障と貯蓄のハイブリッド型の保険がいいな〜」と思っている人、いませんか？

　純保険料は被保険者が死亡・病気・ケガ・被災したり、契約が満期を迎えたときに、受取人に支払うお金に充てられます。付加保険料は保険会社の人件費や広告宣伝費などの経費に充てられる部分で

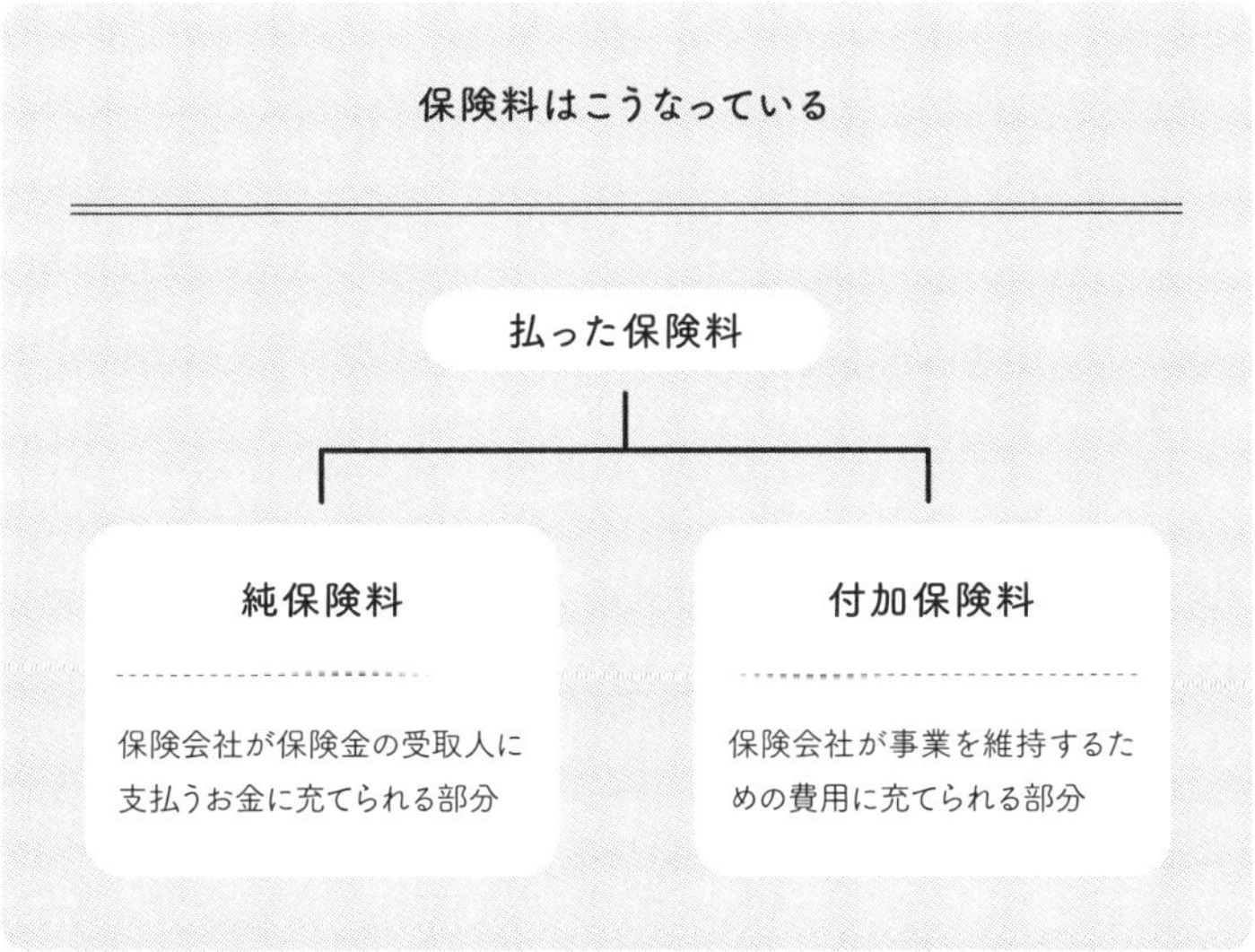
保険料はこうなっている
払った保険料
純保険料
保険会社が保険金の受取人に支払うお金に充てられる部分
付加保険料
保険会社が事業を維持するための費用に充てられる部分

す。受取人に保険料を支払う可能性がどれくらいあるか（予定死亡率）、契約者が払ったお金を運用でどれくらい増やせそうか（予定利率）、会社経営の経費がどれくらいかかりそうか（予定事業費率）を予測して、保険料が決まります。

つまり、貯蓄型の保険だからといって、払った保険料の全額が自分が受け取る予定の保険金用に蓄えられているわけではないってこと。一部は保険会社の経営資金に充てられているのです。

たとえば、最近よく相談を受けるのが「ドル建て変額保険」について。「変額保険」とは保険料を運用して、その運用実績に応じて保険金や解約返戻金の額が変動する保険のことです。でも保険料全額が運用に回されるのではなく、運用されるのは保険会社の経費を引いた残りのお金。運用資金は多いほどリターンが期待できるので、保険金や解約返戻金が予想を下回ることも。

また「ドル建て」とは、保険料と保険金（解約返戻金）をドルでやりとりする保険のこと。保険料を払うときも、保険金を受け取るときも、為替相場によって金額が変動します。さらに円をドルに換える、ドルを円に換えるときに「為替手数料」

がかかります。ドル建て変額保険とは、運用成果だけではなく円安か円高かによっても保険金が変わるという商品なんですね。それ自体が悪いというわけでは決してありません。「ハイリスク・ハイリターン」で大きく損する可能性もありますが、大きく得する可能性も少なくない商品です。**問題なのは、そのことをちゃんと理解して契約したかということなんですね。**

たとえば、「円建ての保険より増えるから」と言われて契約したら、円安の影響で保険料が高騰して、「こんなはずじゃなかった」と思うのは、為替リスクのことをよく理解していなかったからかもしれません。ドル建て変額保険について「円安で保険料が高くて、もうやめたい。でも、今、解約したら損するし……どうしたらいいですか?」といった相談も多いです。今、解約した場合の「解約返戻金」が払い済みの保険料を下回る、つまり元本割れするなら、保険料の支払いをストップする方法もあります。その時点での解約返戻金をもとに残りの保険期間の保険金を算出する「払済保険」という制度です。この制度を利用すると、これ以上、保険料を支払わなくてもいい代わりに、もしものときの保障はかなり小さくなります。**保**

障がそれでは足りない場合は、払済保険にするのをやめるか、保障を確保できるほかの保険に加入するのが妥当です。

保障が目的ではなく、「ドル建て変額保険」でお金を少しでも有利に増やすことが目的だった場合は、解約返戻金が元本割れしないタイミングで解約してもいいですし、為替の動きに一喜一憂するのがイヤなら、早めに損切りしてもよし。

保険に加入する一番の目的は、冒頭で書いたように、もしものときの保障を確保することにあります。**お金を貯めたり、増やしたりすることを目的にするのは、本来の目的とはちょっと違います。**やっぱり貯蓄と保険は混ぜると危険。別々にした方が安全のようです。

まとめ

保険本来の目的は、もしものときの保障を確保することでお金を貯めたり、増やしたりすることではない

14

あなた、もしかして「保険貧乏」になってない？

「保険料の支払いが大変なので保険を見直したい」というお悩み、家計相談でもトップ5に入るぐらいよくあります。

なかには「お金があると使っちゃうから保険に入ったんです～」と、貯蓄タイプの保険をいくつも契約している人もいます。確かに、保険はほぼ強制的に保険料を払い、簡単には解約できないので、お金が貯まりそうな気がします。

でも、よく考えてみて。ついお金を使っちゃうなら、お金を下ろしにくくするために貯蓄用口座のキャッシュカードは作らない、解約しにくい定期預金にする、給与自動振替で貯蓄用口座にお金が移動するようにする……など、保険に加入する前に打つ手はいくらでもあるはず。それらをぜ～んぶすっ飛ばして「保険にしないとお金を使っちゃう」というのは、いかがなものでしょう。

ほかにも、貯蓄が少ないので何かあったときにお金がなくて困るのが怖いからと、保険にたくさん入っている人もいます。そういう人は、多額の保険料を払っているせいで、**貯蓄に回すお金がない↓貯蓄がちっとも増えない↓不安が増す↓だから保険が手放せない……という「負のループ」に陥っているケースが多いです。**お気の毒ですが、典型的な「保険貧乏」さんです。

誤解がないように言っておきますが、保険自体が悪いとはひと言も言っていません。もしものときの備えとして、保険は大切なものです。「預貯金の残高が少ない人ほど保険の必要度が高いことが多い」というのも事実。貯蓄に回すお金を増やしたいがために、必要な保険に加入しないのは問題ありです。が、しかし、過剰な保険は「保険貧乏」を招きます。

「保険貧乏」から抜け出すために検討したいのが、次の3点です。

1　漠然とした不安は保険では解消できないと知る

保険は、いつ起こるかわからないけれど、起きてしまったら一人の力では対応が難しい経済的なリスクに備えるもの。**正体のわからない不安や、預貯金が少ない不安の解消には、保険は効果がありません。**

2　すでに加入している公的な保険とのダブりをなくす

誰もが加入している（もちろん保険料を払ってる！）公的な保険があります。自営業なら国民健康保険、国民年金、会社員なら健康保険、厚生年金。これらの保険も日常生活でのアクシデントの備えになります。

たとえば、高額な医療費がかかったときは「高額療養費制度」が適用されて、仮に医療費が100万円かかったとしても、大半の人は自己負担分が月10万円以下に。障害者になった場合は「障害年金」を、夫が死亡したときは「遺族年金」を受給できます。会社員なら病気やケガで会社を休んで給料が支払われないときは、健康保険から「傷病手当金」が支給されます。

公的な保険でどれくらいカバーできるかを知れば、保障がダブっている民間の保

険を解約することも可能です。

3　支出を見直して貯蓄を増やす

保険貧乏から抜け出す最善策は貯蓄を増やすこと。そもそも貯蓄があてにならないから保険に頼って、「負のループ」にハマってしまうのです。支出を見直して、貯蓄に回すお金を増やしましょう。**貯蓄が増えると保険への依存度が減り、「この保険は要らないかも」というものが見つかるはずです。**

まとめ

公的な保険とダブっているものは解約を検討。
浮いた保険料を貯蓄に回す

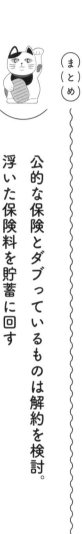

15

言い訳しない人、言ってやる人、黙ってやる人

収入が多くて子どもが1人の家計と、収入は普通で子ども4人の家計、家計の立て直しが必要になった場合、どちらの方が早く結果が出ると思いますか？

この条件だけを見れば、収入が多くて子ども1人の家計の方がお金にゆとりがあって、立ち直りが早いような気がしますよね。もちろん収入が多い家計の方が、少ない家計よりもお金が貯まるポテンシャルがあります。でも、それは「家計が整ったあと」の話。**ぐちゃぐちゃな状態からの立ち直りの早さに収入の多寡《たか》は関係ありません。**ということは、**「ウチは収入が少ないから」という言い訳は通用しないってことです。**

たくさんの家計の立て直しのお手伝いをしていると、悪条件でも結果を出してど

んどん立ち直っていく人と、条件は悪くないのに一向に進展しない人がいることに気づきます。結果を出すのが早い人って、どんな人なんでしょう。

◆「言い訳しない」人

まずは「言い訳しない」人。「ウチは収入が少ないから」「ウチは子どもが小さいから」「体があまり丈夫じゃないから」「パートを頑張ると家族のことがおろそかになっちゃうから」「夫が協力的じゃないから」……言い訳なんて、いっくらでもあります。**結果を出すのが早い人は、山ほどある言い訳をグッとこらえて、やると決めたことを実行に移せる人です。**

一方、いつまでたっても状況が進展しない人は、できない理由をあれこれ挙げて、自分で自分に言い訳して、行動を先延ばしにする人。行動を起こさないから何も変わりません。

◆「言ってやる・黙ってやる」人

「有言実行」という言葉があります。言ったことは必ず実行することですね。「言ったからにはあとには引けない」と自分の気持ちを奮い立たせるために有言すること は有効です。それに対して「不言実行」という言葉もあります。あれこれ言わず、黙ってやるべきことを実行することです。**人に言うか、言わないかは関係ない。大事なのは「やる」かどうか。行動できる人は結果が出るのが早いです。**

◆「一歩目が超早い」人

家計相談で「こうしたらいいかも」とアドバイスをして、面談が終わって5分後ぐらいに「○○しました!」って連絡が来るような人は、その時点で、もう大丈夫だなと思います。

こんなふうに、すぐ行動できるようにするにはコツがあります。大きく変えると書いて「大変」。大きく変えるのは大変なんです。頭では変えた方がいいとわかっていても、心が逆らいます。「変わりたくない」という自分をうまいことだまさなくてはなりません。それには、自分でも変わったと感じないぐらい小さく、少しずつ変えていくこと。やることを小分けにするということです。

そもそも、みんな、目標がデカすぎる！んです。「子どもに選択肢のある人生を送らせてあげたい」「お金に困らない暮らしをしたい」って、よく聞くセリフだけど、「東京ドーム○個分の大きさです」っていうくらい、ちょっと何言ってんだかよくわからない。何をどうしたらいいのか、漠然としすぎて、これでは一歩が踏み出せません。

デカい目標を小分けに分解して、1つずつを今、自分が実行できることにしましょう。夫や家族を巻き込まなくても、自分だけでできることです。たとえば……

- ☑ 通帳を記帳する
- ☑ 財布の中を整理する
- ☑ 買い物したその日にレシートを見る
- ☑ 冷蔵庫の賞味期限切れの食品を処分する
- ☑ ネットバンク、ネット証券にログインできるか確かめる
- ☑ 最新の「ねんきん定期便」を探す
- ☑ 水道光熱費の年間合計を出してみる

☑ 昨年の源泉徴収票を確認する
☑ 保険証券を出して保険料の年額を計算する
☑ スマホのプラン（データ通信量）を確認する

なんでもいいです。思いつくことをどんどん紙に書き出してみましょう。そして、その中の**1つだけを「今日」やりましょう。**明日も1つやりましょう。1週間続けたら7つも処理できます。一歩も踏み出せなかったのが7歩も前進しました。自信がついたら、次はもう少～しだけ大きなことを。これをつなげていけば、どんなぐちゃぐちゃな家計でも、必ず立ち直ります。

まとめ

最初の一歩目は小さくていい。
一歩目が早い人は結果を出すのが早い

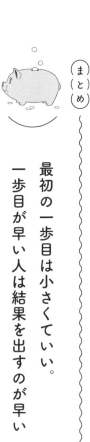

16

「持たざる者」ほど知恵を持て

実家が太い、夫が高収入、双方の親が協力的、勤務先の福利厚生が手厚い、家族全員が健康、結婚・出産が早い……など、お金を貯めるうえで有利になる条件を持っている人がいます。

一方、ひとり親で子どもを育てている、親は遠方で頼れない、中小企業でなかなか昇給しない、子どもに持病がある、結婚・出産が遅くて子どもが大学を卒業するころには定年を迎える……など不利な条件の人もいます。

「どうせウチは」といじけたくもなりますが、有利な条件を持っていない「持たざる者」ほど知恵をつけて、自力で豊かさをつかみ取ればいいんです。

そして、**持たざる者が持つべきものは、知識ではなく「知恵」です。**

知識とは知ること。お金に関していえば、お金をテーマにしたSNSを見たり、本を読んだり、セミナーに参加したり、あるいはFPの資格を取るなど、お金について知ることが「知識」。知らないことには何も始まりませんが、知識だけでは現実は変わりません。

「知恵」というのは、知識を使いこなす力です。新しい情報をゲットして「フンフンいいこと聞いた！　また一つ賢くなった！」で止まっているうちは、知恵を使っているとは言えません。**どんなに知識を蓄えていっても、それだけでは知恵は身につきません。**たとえば、個人の日常生活で起こるアクシデントをカバーする「個人賠償責任保険」を知っているのは、単なる知識。子どもの自転車事故に備えて、この保険に加入しようと思ったとき、すでに加入している保険でカバーできないかを調べてみる、これが知恵です。知識をベースにして、わが家のケースに当てはめるのが知恵の力です。

あるいは、特別支出に備えて毎月積み立てるという家計管理テクを知っているのが知識。夫の給料からだけだと積立額が足りないので、妻の給料からも積み立てて、夫婦で分担して特別支出に備えるわが家のスタイルを実践するのが知恵です。

文章で読んでも理解しにくいかもしれませんが、家計改善に実際に取り組むと、そのプロセスで知識と知恵の違いを「ああ、こういうことね」と納得するはずです。知識をベースにして自分でやってみる。それがうまくいかなかったら、行動を修正して次の行動を起こす。試行錯誤をしながら、わが家の「最適解」を見つけ出すのが知恵ということですね。

お金を貯めるのに有利な条件を持っていないからといって、ガッカリする必要はありません。**知恵さえあれば、いくらでも挽回できます。**

まとめ

知識だけでは現実は変わらない。
知識を使いこなす知恵が目の前の現実を動かす

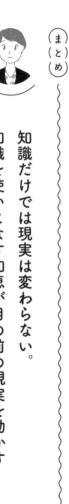

第二章

増やす

※投資には元本保証はありません。元本割れする可能性も考慮して自己責任に基づき、ご自身で判断をお願いします

17

預貯金は人力車、投資はジェット機!?

「上がるかも、上がるかも」と言われながら、かれこれ30年間、低金利が続いています。「銀行にお金を預けると利息がついて増える」のを期待するのはなかなか難しいようです。でもさ〜、給料は上がらないしさ〜、じゃあ、どうする？　となると、ここはやっぱり投資の出番です。

出かけるときは移動手段を考えますよね。徒歩、自転車、バス、電車、新幹線、飛行機など、目的地にたどり着きやすい移動手段を選択するものです。

低金利の今の時代、預貯金だけでお金を貯めようとするのは、東京から北海道や九州に新幹線や飛行機ではなく、人力車で行こうとするようなもの。「早く着きたいから、もっとスピード出してよ！」と文句を言ったところでお門違いです。だって乗り物を間違えているんですから。**預貯金は人力車、投資はジェット機。素直に乗ろうよ、ジェット機に。**

お金を増やすのにかかる年数について、預貯金と投資とでは、どれくらいの差があるかを知る計算式が2つあります。1つは「72の法則」。

72÷金利＝元本が2倍になるのにかかる年数

たとえば、金利が0・1％なら、72÷0・1＝720。100万円を200万円にするのに、720年かかるってこと。720年って、何？　要するに生きている間には無理ってことですね。一方、投資で年平均5％で運用できたら、72÷5＝14・4。15年弱で2倍にできます。これなら現実味のある話ですね。

72の法則はいっぺんにまとめて投資した場合に当てはまりますが、積み立てで投資する場合は「126の法則」。

126÷金利＝元本が2倍になるのにかかる年数

たとえば、金利0・1％の財形貯蓄でコツコツ貯めるなら、126÷0・1＝1260。**100万円を200万円にするのに、1260年かかる計算になります。**ちなみに、今から1260年前、日本は奈良時代でした。それくらい年月が必要ということです。**一方、NISAで年平均5％で運用したら、126÷5＝25・2。一括投資に比べて年数はかかりますが、約25年で2倍に。**月2万円ずつ積立投資した場合、投資元本600万円が、25年後に約1200万円になる計算になります。「やってみようかな」と思える年数です。

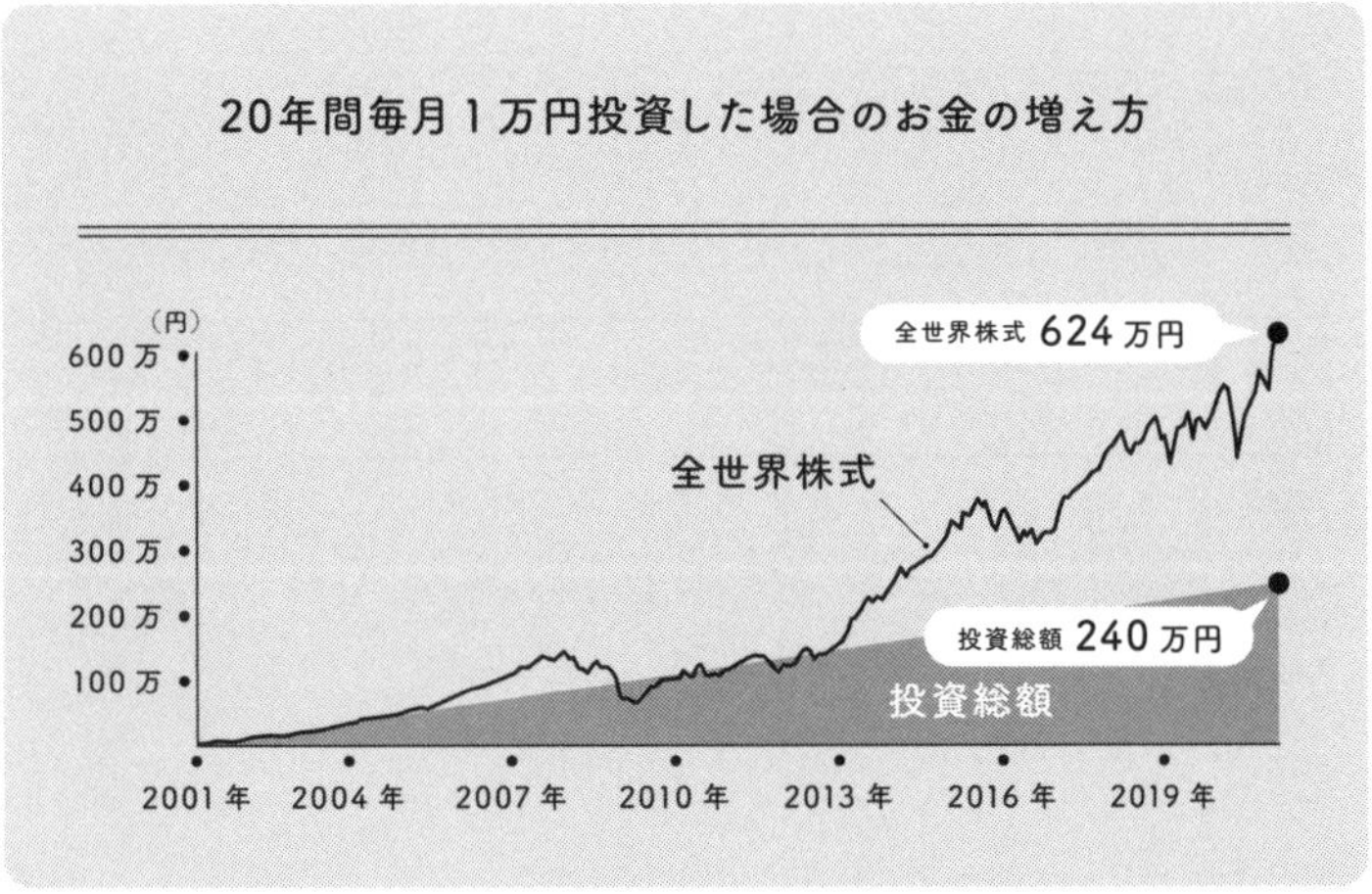

金融庁『つみたてNISA早わかりガイドブック』を基に編集部で作成

右下のグラフは、２００１年から20年間、月１万円を全世界株式に投資した場合の実績で、20年後には投資総額２４０万円が６２４万円になっています。一方、毎月１万円を積立預金した場合、金利が０・１％なら20年後に約２４２万円、０・２％なら約２４５万円。投資した方が、同じ金額が２・５倍以上増える計算になります。

これは過去のデータなので、この先20年間、投資した場合も、同じような増え方を保証することはできませんが、預貯金（人力車）と投資（ジェット機）とでは、こんなに差がつくのです。**利用する手段を誤ると、お金を増やす機会を逃すことになりますよ。**

まとめ

預貯金が低金利の今、投資はお金を増やす手段としてかなり有効である

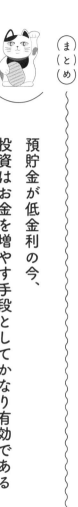

18

お金の置き場所を分散する

預貯金ではお金がなかなか増えない、インフレ時は預貯金だとお金の価値が目減りする、だから、今の時代、やっぱ、投資でしょ……という風向きが強くなっているように思います。確かに、預貯金ではお金が増えにくい時代なので、お金を増やしたいなら投資を選択するのが賢明なのですが、**なんでもかんでもお金を投資に回せばいいというわけでは決してはありません。**

その理由は、**使う目的や使う時期によって、お金の置き場所を分ける必要があるからです。**たとえば、**「生活防衛費」は預貯金で確保**しておく必要があります。生活防衛費とは、病気やケガなどで収入が一時的にダウンしたときや、会社の倒産、失業、減給などに「備えるお金」。生活費の3～6カ月分程度を確保します。

いつそんな窮地に陥るかわからないし、陥ったら猶予なく生活防衛費の出番になるので、すぐ使える場所に置いておかなきゃダメ。その場所が預貯金です。生活防衛費は株や投資信託など投資のお金で確保してはいけません。

というのは、相場が下がっているときに、生活防衛費が必要になるという最悪のケースもあるからです。お金はないけど、今、株を売ったら損しちゃう～！　そんなピンチに陥らないために、他の貯蓄とは別の専用口座に入れておきます。

車の買い替え費用、家のメンテナンス費用など**10～15年以内に必要になる特別支出用のお金や教育資金は「貯めるお金」。増やすことより減らさないことの方が大事なので、このお金の置き場所も預貯金。**「預貯金にボーッと置いておくのはもったいないよ～」と思うかもしれませんが、投資に回してはいけません。ここで欲を出すと、相場がドカンと下がったときにオロオロして慌てて売って損をすることも。下がった相場が戻るまで時間がかかるケースもあります。それより前に必要になるお金の置き場所として投資は不向きです。

老後資金など15年以上先まで使う予定がないお金や、特に使う目的が決まっていないお金は「増やすお金」。このお金の置き場所は投資です。これこそ預貯金で眠らせておいたらもったいない。あとのページで詳しく説明しますが、ＮＩＳＡやｉＤｅＣｏなど税金が優遇される制度を使って、積立投資で増やしていきましょう。

注意したいのは「貯めるお金」を貯め終えてから、「増やすお金」をスタートするのではなく、同時並行で進めること。教育資金が貯まるまで、老後資金を投資で増やすのを待っていたら間に合いません。投資で「増やすお金」に回すお金を確保しつつ、「貯めるお金」を予算取りするということ。でも生活防衛費は別です。まずは生活防衛費を預貯金で貯めること。貯まるまでは投資に手を出してはいけません。

まとめ

預貯金で貯めるお金と投資で増やすお金に分けておくと、必要なときに必要な分を使える

19

投資の最初の一歩が踏み出せない人の4つの「ナイ」

「低金利の今は預貯金ではお金がほとんど増えません」って、あっちでも、こっちでも、いろんな人が言ってますが、それでも投資に二の足を踏んでいる人は少なくありません。「やろうかな」と思ってはいるんだけど、一歩が出ない。大縄跳びで、いつまでたっても輪の中に入っていけない人のようです。投資の最初の一歩をためらう理由は、次の4つの「ナイ」にあるとよく言われています。

1　お金がナイ

2　時間がナイ

3　知識がナイ

4　損したくナイ

どうしたらこの4つのナイを克服できるのでしょうか？

「お金がナイ」は、もし本当にそうなら、投資なんかしてる場合じゃありません。家計を改善しましょう。

「時間がナイ」は、人生100年時代です。時間は「アリ」ます。投資について勉強をする時間がナイと思うなら、それは違います。**そんなにたくさん勉強しなければできないような難しい投資をする必要はありません。**

「知識がナイ」は勉強しましょう。**Webを活用すれば、投資に関するさまざまな情報をほぼ無料で入手することができます。**独学が無理そうなら、多少お金がかかってもプロに相談するのが近道です。

「損したくナイ」は「知識がナイ」をクリアすると、大半が解決します。投資にまつわる悩みは多岐にわたりますが、**「NISAの仕組み」と「投資の基本」を理解すれば、ほぼ全部解決するはずです。**基本をちゃんと理解すれば、円安だの、世界情勢だの、iDeCoとNISAどっちがいいだの、金融機関選びはどうしたらいいだの、銘柄はどれがいいだの……こういった悩み、ぜ～んぶスッキリなくなります。

また、損したくなければ、損しないようにすればいいんです。一時的に元本割れして「含み損」の状態になることはよくあることです。「含み損＝今、売却するとこれだけ損しますよ」なので、今、売却しなければいいんです。含み損はあくまで「含み」で、「確定」ではありません。売却しないで、「含み益」になるまで待つことができ、そのタイミングで売れば、損失の回避が可能になります。

それには、**含み損に一喜一憂しない根拠となる知識と、知識が支えるメンタルと、含み益になるまで待てる金力が必要です。**

まとめ

投資をなかなか始められない人の「4つのナイ」を解決するのは意外と簡単

20

長期・積立投資なら、勉強も投資勘も運もいらない！

ある日、カフェでお茶をしていたらお隣の席の女性3人の話が聞こえてきました。

女性A「この間、やっとNISA始めたの～」

女性B「えーっ、前に話していたときからずいぶん時間たってない？」

女性A「なんだかんだ手間取っちゃって、やっと」

おっ！　NISAのある生活へようこそ！とニヤニヤしていたら、もう一人の女性がおもむろに、こう言いました。

女性C「そうなんだ～、私、投資のセンスがないから絶対に無理ー！」

な、なんということでしょう！　思わず席を立ち上がりかけました。

とはいえ「もうすぐクリスマスだからケンタッキーの株、爆上がりするんじゃない？」というのが投資デビューのナナコですから、その気持ち、よ〜くわかります。もちろんそんな単純な理由で株価が値上がりするはずはなく、ぜんぜん儲かりませんでしたが、その原因は「私に投資のセンスがないせいだ」と思いました。

当時、私の周りで投資をやっていた人たちは、経済や金融に関心があり、情報収集や研究に熱心で、株やＦＸなどを短期間で売り買いして利益を出していました。利益や損失が出るたびに盛り上がっていましたが、「仕組みがよくわからない」と投資信託には否定的。「株の方がシンプルだし、お金を増やすには効率がいい」と言っていました。

投資信託とは、投資家から集めたお金を資金として国内外の株式や債券に投資する金融商品のこと。銘柄によって何に投資するかが異なり、運用は投資のプロが行います。株式の株価と同じように、投資信託には「基準価額」があり、運用実績によって値動きします。**一つの投資信託で複数の株式や債券に投資するので、そのなかのいくつかの成績が悪化しても、全体として大きな値崩れを防ぎやすいのが利**

点。たとえば、米国株式全部を投資対象とする銘柄を買えば、米国株式市場に上場している全会社の株に投資したことになります。

当時、株式投資をする人たちとは別に、投資信託を積み立てで買う「積立投資」をしていた人も、多分いたのでしょうが、彼らは投資の話題で盛り上がることはありませんでした。だって、やれ金融緩和政策がこの先どうなるとか、FRBの議長がなんて言ったとか、日米の金利格差がどうしたとか知らなくてもいいんですもの。盛り上がる話題がないんですもの。株やFXをやっている人たちのようにキラキラした（当時の私にはそう見えた）知識や情報の丁々発止がなくて、地味なんです。

ところがどっこい、その後、実際に自分が積立投資を始めてみて、積立投資をしている人がキラキラしていないことに合点がいきました。

「知識がなくても、情報収集しなくてもできるんだ」

「こんなにほったらかしで何もしないんだ」

「積立貯金している感覚とほとんど同じじゃん！」

積立投資で必要なのは、複雑な知識や情報でも、投資のセンスでもありません。もちろん運でもありません。必要なのはコツコツ続けること。途中でやめずに長期間続けることだったのです。

下図は、金融庁の『つみたてNISA早わかりガイドブック』で公開されているグラフで、資産や地域を分散させた積立投資を長期間続けることで、結果的に元本割れする可能性が低くなる傾向があることを表すものです。保有期間5年では、12〜14%という高い利回りの運用成果を出すケース

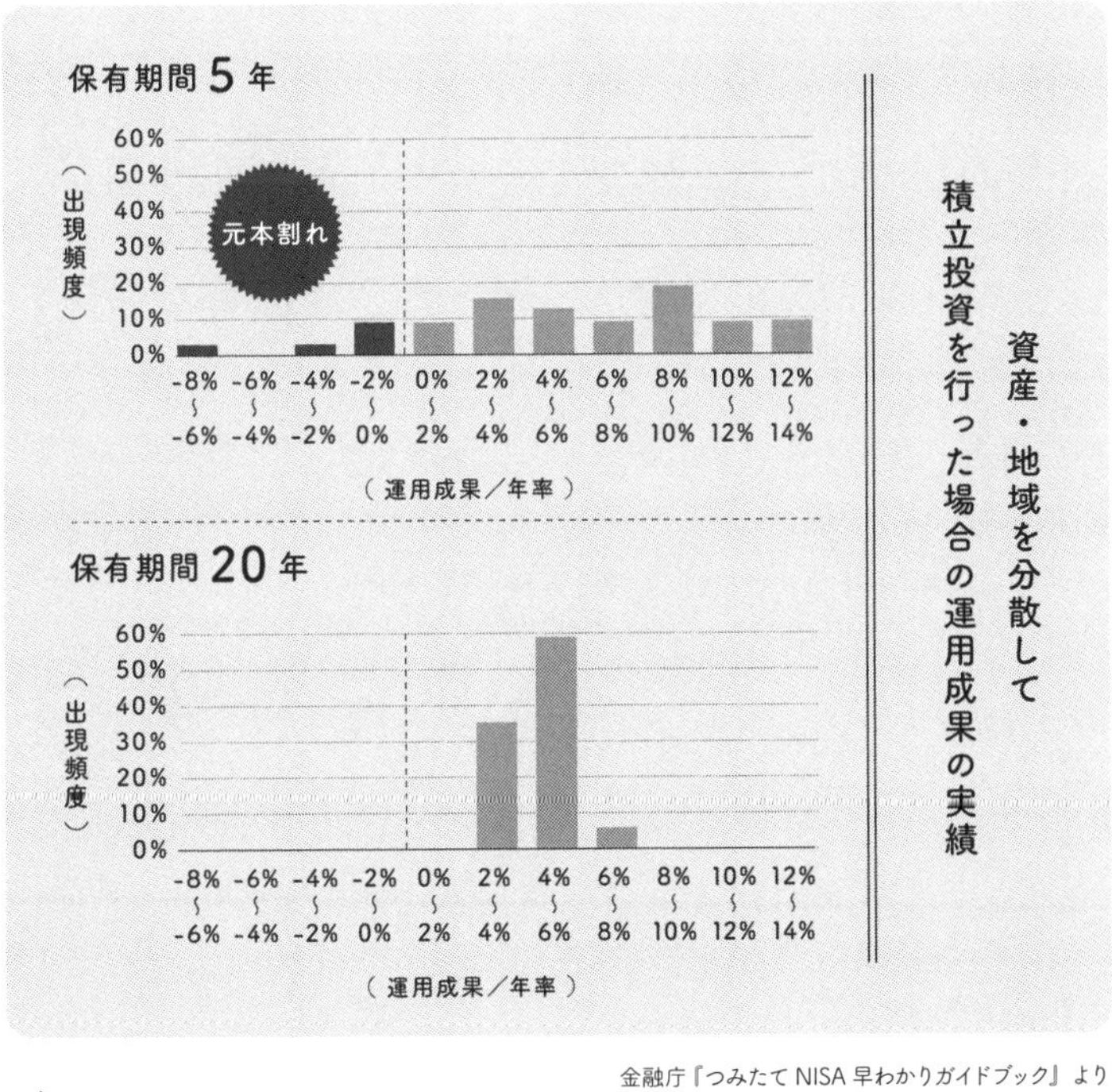

金融庁『つみたてNISA早わかりガイドブック』より

が約1割ありますが、元本割れも出現します。一方、保有期間20年では、運用成果2〜6％が約9・5割となり、元本割れは出現しません。**積立投資を長期間続けることで、元本割れと運用成果のバラつきがなくなり、安定した成果が期待できるということです。**

まとめ

仕事と子育ての両立生活をしながら心穏やかに投資するなら、やっぱ、長期投資でしょ

21

長くやるなら、早く始める

私が開講している『知識ゼロからの投資デビュー』講座を受講してくださった皆さんが、口をそろえて言うのが**「もっと早くやればよかった」**です。**「よくわからないから」という理由で、今まで投資に手を出さなかったことが悔やまれるんですね。**

前項では「投資素人の私たちが勝てる投資は、積立投資を長く続けることしかないよ」と長期投資を推しました。その言葉に間違いはありません。ナナコは自信を持って、長期投資を皆さまにオススメいたします。で、長く続けようと思うなら、早く始めるのが賢明です。だって、毎月、決まった金額を投資に回せる期間って、人生で限られていると思うんです。**30歳から始めて30年間というのはアリだけど、50歳から始めて30年間は厳しいですよね。**

さらに、**投資期間を短くすると毎月の積立金が多くなります。**60歳まで積立投資するとして、30歳から始めれば30年間あるけれど、40歳からだと20年間。

「老後2000万円問題」で、なにかと話題になった2000万円を60歳までに貯めるとして、30歳から積立投資を始めて、仮に4％の利回りで運用した場合、毎月の積立金は2万8816円、3万円以内で済みます。でも、40歳からだと5万429円と5万円超で、その差は約2万6000円（左グラフ）。

毎月の積立金を30歳開始と同じにしようと思ったら、70歳まで続ける必要があります。65歳以降、年金生活に入るとしたら、月約2万9000円の支出って厳しくないですか？　一方、40歳から60歳までの20年間だけ、月約2万9000円の積立投資をした場合、60歳での受取額は約1000万円。

え〜っ!?　1000万円も減っちゃうの？って、思いますよね。**10年始めるのが遅いせいで、投資期間が10年短くなったら、1000万円取り損なうってことです。**まさにTime is Money! だから、声を大にして、私は言いたい！「積立投資をするなら長くやること、そして長くやるには早く始めるしかない」と。

まとめ

今日が一番若い日。四の五の言わずに今日から始めるのが、一番長く積立投資できることになる

30年間、積立投資をして2000万円貯める場合

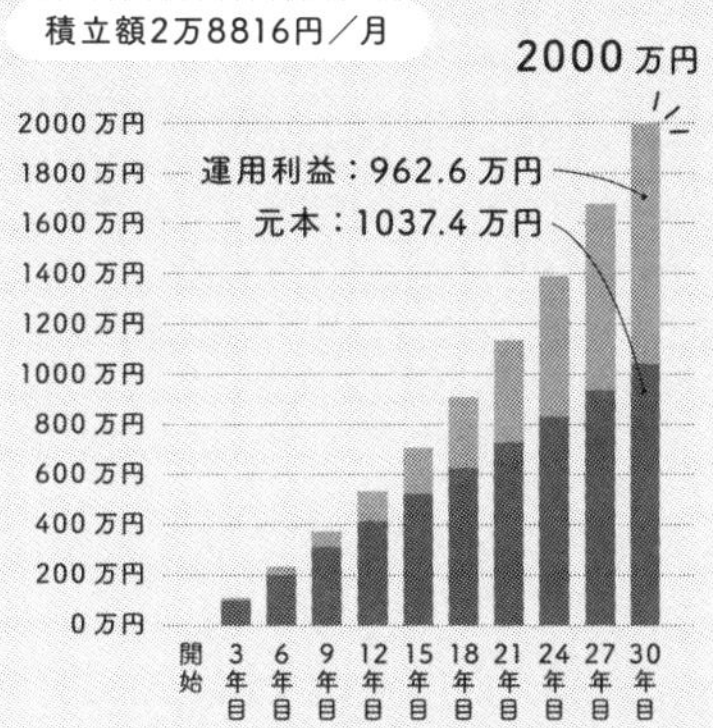

20年間、積立投資をして2000万円貯める場合

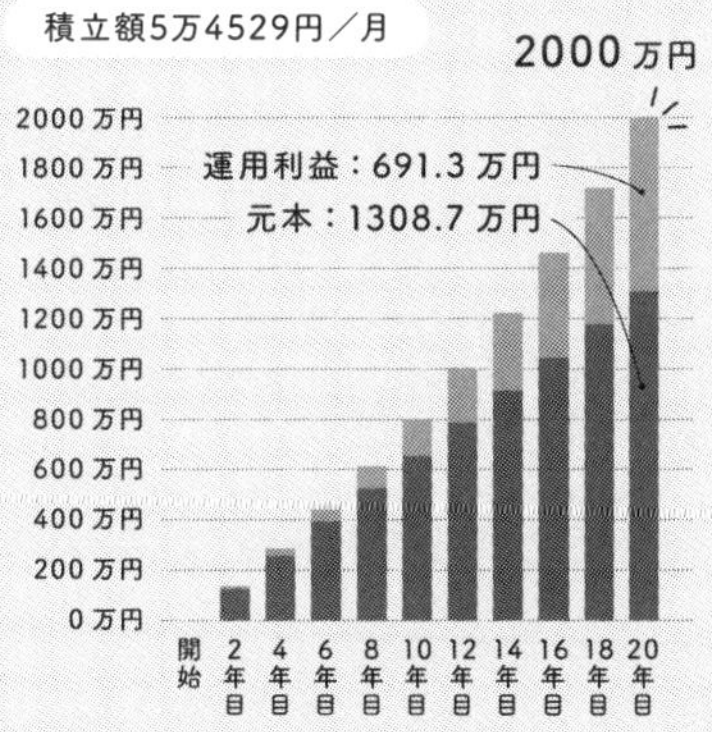

金融庁「資産運用シミュレーション」で想定利回り4％で試算した場合

22

NISAって、何がそんなにお得なの？

世間ではNISAが話題になっていますが、実際にはNISA口座を開設しているのは、開設できる人（日本に住んでいる18歳以上の人）の2割弱（2023年9月末時点）とか。投資には手を出さず預貯金で貯めている人たちのお金が、日本全体で貯まりに貯まって、現在、約1100兆円くらいあります。これだけの大金が市場に出回れば、企業と社会、ひいては国民がもっと豊かになるはず、という国の狙いでできたのがNISA、正式名称「少額投資非課税制度」です。で、**NISAは、その名前の通り、少額のお金を非課税で投資できるという、私たち一般庶民が投資に手を出しやすいようにしてくれる制度なのです。**

NISAをもっとよく知ろう！

併用可

	つみたて投資枠	成長投資枠
1年間に投資できる金額	120万円まで	240万円まで
運用できる期間	ずっと	ずっと
限度額	投資元本の上限は1800万円まで（売却して非課税投資枠が空いたら、翌年以降、再利用して投資できる）	そのうち成長投資枠は1200万円まで
投資対象商品	長期の積み立て、分散投資に適した投資信託、ETF（上場投資信託）（旧つみたてNISAの対象商品と同じ）	上場株式、投資信託、ETFなど
投資の仕方	積立投資のみ	一括投資 積立投資

NISAのスゴいところは、ズバリ！「非課税」という点にあります。普通は、株式や投資信託に投資をして儲かると、その儲け（配当金、分配金、売却益）には約20％の税金がかかります。100万円の儲けが出たら、20万円は税金で引かれて、手元には80万円しか残りません。でもNISAを利用すれば、儲かった分から税金が引かれないから、100万円が丸々受け取れるんです。これって、ものスゴ～いこと。普段あまり意識していないかもしれませんが、預貯金の利息だって約20％の税金が引かれてから口座に振り込まれているんですからね。

使い勝手がさらによくなった新NISAの4つのパワーアップ点を説明します。

1 積立投資と一括投資が同時にできる

つみたて投資枠では、投資信託を毎月決まった金額分ずつ積み立てで買います。つみたて投資枠で買えるのは、金融庁が長期・積立・分散投資に適していると認めた投資信託です。成長投資枠では、つみたて投資枠で買える投資信託のほか、株式などを一括購入できます。2つの枠を併用できるので、毎月積み立てしながら、ボーナス時にまとまったお金で株式を買うことも可能。また、**つみたて投資枠がいっぱいになったら、成長投資枠で積立投資をすることもできます。**

旧NISAにも、投資信託を積み立てで買う口座と、投資信託や株を一括で買える口座がありましたが、1年間のうちでは、どちらか1つしか利用することができませんでした。併用できるのは大きなメリットです。

2 非課税で投資できる投資元本が大幅増額

つみたて投資枠は年間120万円（月10万円）、成長投資枠は年間240万円。合わせて**年間360万円まで投資でき、得た利益に税金がかかりません。**

1で書いたように成長投資枠でも積立投資できるので、最大で年間360万円の投資元本で積立投資することも可能です。旧NISAは、積み立てが年間40万円、一括投資が年間120万円で、同じ年に併用不可だったので、大幅な増額です。

3 一生、1800万円を非課税で運用できる

旧NISAでは投資信託や株式を買い、その後、それらを売却しても、空いた分の非課税枠を再利用することはできませんでした。でも新NISAでは、翌年以降、売却して空いた分の枠を再利用することができます。新NISAを利用して、運用

できる投資元本は**1800万円まで(成長投資枠は、そのうち1200万円まで)。1800万円の非課税枠がいっぱいになっても一部を売れば、翌年、その分の枠が復活するということです。**

4 期限なし! ずっと非課税で投資できる

旧NISAの場合、非課税で投資できる期間が、積み立てが最長で20年間、一括投資の方が最長で5年間。この期間を過ぎたものはNISA口座から課税口座に移すか、売却して現金化する必要がありました。でも新NISAには期間の制限がありません。**期限なしで、ずーっと非課税で投資できるということです。**

新NISAのスゴさをご理解いただけましたでしょうか? さて、旧NISAの口座を持っている人が気になるのは、そっちの口座はどうなっちゃうの?ってことですよね。まず、**旧NISA口座(つみたてNISA、一般NISA)の方では、投資信託を新たに積み立て始めるとか、新規で投資信託や株を買うことはできません。**でも、それまでに投資した分については、投資した年から、つみたてNISA

は20年間、一般ＮＩＳＡは5年間、非課税でそのまま持っておくことができます。途中、値上がりしているタイミングで売却してもいいですし、非課税期間が終わった時点で課税口座へ移すこともできます。課税口座に移した場合は、移した時点以降に得た利益（配当金、分配金、売却益）に対しては、通常通り約20％の税金がかかります。また、新ＮＩＳＡの枠が余っている場合は、旧ＮＩＳＡで保有している銘柄をいったん売却して現金化し、新ＮＩＳＡで投資をすることも可能です。
積立投資なんていう投資の素人が少額から投資できる投資法があっちでも、こっちでも紹介されて、しかも利益が非課税で丸々受け取れて、こんなにお膳立てされているのに、まだ足踏みするのって、何なん？……とナナコは思います。

まとめ

働いて稼いだ給料からだって税金が引かれるのに、投資の儲けが非課税のＮＩＳＡは、画期的にスゴい！

23

インデックス投資って、ホントのところどこがいいの？

投資初心者さんは「長期・積立・分散」でお金を増やしましょう！とよく言われます。私もそうだと思います。一気にではなく時間をかけてお金を増やすことを考えて、少額でもいいので毎月コツコツと積立投資して、国内外の株式や債券に分散投資できる投資信託に投資しましょう……と、まあ、こういうことですね。で、具体的にどうしたらいいの？となったときに出てくるのが「インデックス投資」。NISAを始めようとしたときに、よく見かけるヤツです。で、NISAで投資するのと、インデックスで投資するのって、違うことなの？　っていうか、インデックス投資って何なん？

「インデックス投資」の意味を調べてみましょう。「インデックス投資とは、市場の値動きを示す指数に連動することを目指す投資手法です」だって。フムフムなるほどね。よぉーしわかったぞ！　私も、インデックス投資をしよう！……って、なるかーい！　しじょう？　しすう？　れんどう？　とうししゅほう？？？　なんのこっちゃ？　こんな説明でわかるようなら、最初っから、わかってるわい！

では、ここで、ナナコがわかりやす〜く、「インデックス投資」を紐解いていきましょう。日本の株式に投資した場合で説明しますね。日本の株式は、「証券取引所」という市場《しじょう》で売り買いされています。有名なのが「東京証券取引所＝東証《とうしょう》」。東証では約2000社の株式を売り買いしています。そのうち代表的な225社をピックアップして、225社の株価の平均値を出したのが「日経平均株価（日経225）」です。225社だけではなく、東証で扱っている全会社の株価の平均値を「TOPIX（トピックス／東証株価指数）」と言います。

日経平均株価やTOPIXなど、その市場で扱っている株式の株価の平均値のことをインデックス（指数）と呼びます。アメリカの株式市場のインデックスとして有名なのが「ダウ平均株価」「S&P500」、全世界の主要銘柄の平均株価を示す「MSCI オール・カントリー・ワールド」など。インデックスの数値を見ると、その市場が景気がいいのか、悪いのか、上向きになるのか、下向きになっていくのかが、なんとな〜くわかることになっています。で、こういう**インデックスに連動する（市場の平均値と同じような）リターンを目指して投資していくことを「インデックス投資・インデックス運用」と言います**。つまり、日経平均株価に連動するインデックス投資なら、日経平均株価が上がっているときは手持ちの投資信託が値上がりして、下がっているときは値下がりするということ。

こんなことを言ったら、投資のプロに怒られてしまうかもしれませんが、日経平均株価に連動する利益を狙おうと思ったら、225社全社の株式を買えばいいんです。でも、225社の単元株（株式の売買単位のことで、通常100株単位）を買うためには、かなりの資金が必要になり、一般庶民には難しいです。そこでインデックス投資の出番です。日経平均株価に連動するリターンを目指す投資信託を買う＝インデックス投資をすれば、日経平均株価を構成している日本を代表する225

社全社に少ない元手で分散投資することができます。ここがインデックス投資の最大の利点。インデックス投資が長期・積立・分散に向いている理由です。

インデックス投資の運用成績が悪くても、それは自分のせいではありません。市場全体が落ち込んでいるだけ。反対に、成績が良くても自分が頑張った成果ではありません。市場が好調なだけです。日経平均株価が上がったり下がったりすることにハラハラ、ドキドキしても、状況を好転させるのに何の効果もありません。なので、**インデックス投資では自分がやることはほとんどありません。**ハッキリ言って、ヒマです。**だから、仕事と家事と子育てで毎日忙しくても続けられる「長期・積立・分散」投資ができるのです。**

まとめ

インデックス投資の正体がわかると、投資初心者に向いている理由がわかる

24

リスクとは「元本割れする危険性」ではない

「投資には元本保証はありません。損失のリスクも検討し、自己責任のうえで行ってください」、よ〜く目にする一文です。この場合の「リスク」は、可能性とか危険性とかいう意味で使われていますが、本来、投資で言うところの「リスク」とは、そういう意味ではないんですね。「リスク」っていうワードが、危ないもの、回避すべきものをイメージさせるので、「投資＝危険、素人が下手に手を出すと痛い目に遭う」と思いがちですが、かなり違います。では、投資で言うところの「リスク」とは、なんぞや？　答えは、ズバリ！　**預けたお金が減ったり、増えたりする「振れ幅」のことです。「リスク＝振れ幅」なんですね。**

例で説明します。10回乗るとときどき事故に遭うタクシーと、10回乗ると10回事故に遭うタクシー。どちらのリスクが大きいと思いますか？　どう考えても10回事故る方ですよね。乗ったら必ず事故るタクシーは危険ですから。

でも、これを投資で言うところの「リスク」で考えると、10回乗ると10回事故るタクシーのリスクは「ゼロ」。ノーリスクです。もう一度言いますね。**投資のリスクとは「元本割れする危険性」のことではなく、「結果が不確実であること」「結果の振れ幅」のこと。**10回乗って10回事故に遭うタクシーは「確実に事故に遭う」わけですから、結果は確定していて振れ幅ゼロ。だからリスクがないということになるんですね。

「ノーリスク＝確実に元本割れしない」金融商品は、振れ幅ゼロなので損はしませんが、決められた利息以上に増えることもありません。なので、ノーリスクまたはローリスクの金融商品がいいとは、一概には言えません。

振れ幅のイメージをブランコでたとえてみます。ブランコが前に高く上がっているときを元本が増えてプラスのとき、後ろに上がっているときを元本が減ってマイナスのときにたとえると、ブランコの揺れの幅が「リスク」です。**前にだけ大きく上がって、後ろには上がらないブランコがないように、大きく儲かるけど損はしない＝ハイリターン・ノーリスクの投資は存在しません。**前に大きく漕ぎ出たら、後ろにも大きく動くことになるというわけです。

「投資にはリスクがあります」というのは、「結果が確定していないので増えたり減ったりします」ということ。なので、投資で儲けようと思うなら、投資する商品のリスクを理解する必要があります。どれくらい増えるかという得することだけではなく、どれくらい減るかも把握しておくことが大事です。

まとめ

儲けは大きいけど、損は小さいなんていう都合のいい投資は存在しない

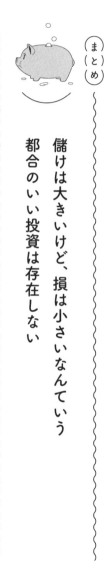

25

リスクとリターンが自分に合ってるかの見極めが大事！

損を回避するのに有効な投資方法が長期投資。そして長期投資は途中でやめると成立しません。もちろん必要なときに売却して現金化するのはいいんですよ。やってはいけないのは、値下がりして〝含み損〟が出たとき、これ以上、下がるのが怖くなって売ってしまうことです。こういった**〝損切り〟をしてしまう原因は、投資している投資信託が自分のリスク許容度に合っていなかったことにあります。**

リスクとは危険性のことではなく、投資した商品が値上がりしたり、値下がりする「振れ幅」のこと（P．112）。リスクが大きい（振れ幅が大きい）ほど、増える可能性が高いけれどマイナスになる可能性も高い。**投資をしていて怖くなって**

しまうのは、自分が乗りこなせないくらい大きく揺れるブランコに乗っているからなんですね。

耐えられる振れ幅＝リスク許容度は人によって異なります。リスク許容度は、一般に、次の4つの要因によって左右されます。

1　時間・年齢

リスク許容度に一番大きな影響を与えるのが時間。時間には2つの意味があり、1つは「待てる時間」。マイナスになったとしても「別に、今すぐ使うお金じゃないから、プラスになるまで待ってればいっか」と思える時間です。

もう1つが「投資を続ける時間」。これは年配者よりも若い人の方が圧倒的に有利。早く始めるほど投資を続けられる時間が長くなり、待てる時間も長くなります。**時間がある人ほどリスク許容度が高くなります。**

2　収入

収入が多い人ほど、リスク許容度が高くなります。マイナスの額にもよりますが、収入が多ければ、「稼いで取り戻せばいいや」と思うこともできます。とはいうものの、**収入も多いけど、使うお金も多い、お金の出入りが激しい家計のリスク許容度は高くはありません。**

3　投資以外の資産

預貯金がたくさんあったり、解約返戻金や満期保険金が出る貯蓄型の保険がある場合には、投資がマイナスになっても生活への影響は抑えられます。**「投資しているのはあくまで資産の一部だからね」と思えるなら、リスク許容度はある程度のレベルにあります。**

4　経験・性格

元本保証の銀行預金しか経験したことがない人には、預けたお金が減る「元本割れ」のダメージは予想以上に大きいものです。でも、1の時間があれば、持ち直すまで待つことができます。**一時的に下がっても戻るという経験を積むことで、リス**

ク許容度は上がっていくものです。

一方、性格はなかなか変えることができないので、心配性、動揺しやすい、取り越し苦労しやすい人はリスク許容度が低いと言えます。

投資で損をする原因の大半は、自分のリスク許容度に合っていない投資商品を選んだことにあります。この失敗さえしなければ、投資って、そんなに損をするものではないんですよね。

次の例はリスク許容度の簡単な目安です。

例その1

夫（会社員・50歳）年収７００万円
妻（パート・45歳）年収１００万円
投資以外の資産　１０００万円

リスク許容度【高】

夫が50歳で定年まで10～15年あり、世帯年収８００万円と投資以外の資産が１０

00万円あるのでリスク許容度は高いです。米国株式や全世界株式などハイリスクの投資信託を選ぶことで、ハイリターンが狙えます。

例その2

夫（会社員・40歳）年収600万円
妻（専業主婦・35歳）
投資以外の資産　300万円

リスク許容度【中】

世帯年収がそれほど高くはなく、稼ぎ手が1人なのでリスク許容度は中程度。**株式オンリーではなく債券を組み込んだ投資信託を選んだり、投資額を減らしてリスクを抑えた投資を。**夫の年齢が40歳でまだまだ時間があります。時間を味方につけた長期投資を目指しましょう。

例その3

夫（会社員・35歳）年収500万円

妻（会社員・35歳）年収450万円
投資以外の資産　50万円

リスク許容度ゼロ【投資はまだダメ】

世帯年収の5％程度の預貯金では生活防衛費に足りません。生活防衛費は生活費の3～6カ月分が目安。新NISAがスタートして投資に注目が集まっている今、**共働きでキャッシュフローがいいので「自分たちも」と思いがちですが、まずは生活防衛費を確保して。**夫婦ともに35歳と若く、時間要因は有利です。

まとめ

投資で損するのは、自分のリスク許容度を超える銘柄を買ってしまったから

26

みんなが知りたい銘柄選びのコツ

新NISA口座は作ったし、あとはどの投資信託にするか、銘柄を選べば、私も新NISAデビュー!……なんですが、この銘柄選びが、投資初心者さんにとっては、悩ましいことなんですね～。

FPをやっていて、雑誌の取材などでもよく質問されますもの、「どの銘柄を選べばいいですか?」って。「はい、コレとコレです」と言えるほど簡単なものはありませんが、とりあえず次の3つのポイントを押さえておきましょう。

ポイント1　広く分散できるものを選ぶこと

金融庁の『つみたてNISA早わかりガイドブック』には、「資産や地域を分散した積立投資を長期間続けることで、結果的に元本割れする可能性が低くなる傾向があります」と書いてあります。ここで言う資産とは株式や債券のことで、つまりいろいろな国のさまざまな株式や債券を組み込んだ投資信託を買うと分散投資できるということです。それができるのがインデックス投資（P．108）。**インデックスに連動する（市場の平均値と同じような）リターンを目指して運用している投資信託を選ぶのがポイント1です。**

ポイント2　手数料が安いこと

投資信託には、「信託報酬（運用管理費用）」という手数料がかかります。選んだ銘柄が値上がりするか、未来を予測することは誰にもできませんが、**投資信託を保有している間ずっと手数料がかかることは確定しています。**なので、手数料が安い投資信託を選ぶのがポイント2。長期投資するほど手数料の金額差が響いてくるので、内容が同じようなら手数料が安い方の投資信託を選ぶのが正解。

ポイント3　わが家のリスク許容度に合わせること

投資信託の人気ランキングを見て、上位にランクインしているものを買っておけばいいんじゃないの?と思いがちですが、**人気のある投資信託だからといって、わが家に合っているとは限りません。**わが家のリスク許容度に合ったものを選ぶことがポイント3。
「ポイントはわかったから、で、結局、何を選べばいいの？　教えて〜！」という声が聞こえてきそう。自分で考えて選んでこそ勉強になるんだけど、銘柄選びでつまずいて投資デビューが遅れるのは時間がもったいないから、P．118のリスク許容度レベルに応じた銘柄の一例を紹介しますね。

リスク許容度【高】

eMAXIS Slim 米国株式（S&P500）

S&P500は、アメリカの株式市場の代表的な500社の株価の平均を表す指標。eMAXIS Slim 米国株式（S&P500）は、S&P500に連動したリターンを目指す投資信託です。アップル、アマゾン、グーグルなど世界的有名企業が今後も成長し続けることに期待するならコレ。ただし、過去にはリーマンショックなどで50％近くマイナスになった年もあり、値動きの振れ幅は大きいです。

eMAXIS Slim 全世界株式（オール・カントリー）

その名の通りオール・カントリー、つまり日本、米国、英国、カナダ、中国、台湾など世界47の国と地域の株式に幅広く投資する投資信託。このうち米国企業が約6割を占めています（2024年1月現在）。先進国はもちろん新興国の成長に期待するならコレ。値動きの幅は大きいですが、その分、未来のリターンも大きいかも。

リスク許容度【中】

eMAXIS Slim バランス（8資産均等型）

国内株式、先進国株式、新興国株式、国内債券、先進国債券、新興国債券、国内リート、先進国リートの8つの資産に12・5％ずつ均等に投資する投資信託。これ一つで株式、債券、リート（不動産投資信託）に投資できます。債券を組み入れることで値動きの幅が抑えられています。リスクを抑えて幅広く投資したい人はコレ。

リスク許容度【小】

楽天・インデックス・バランス・ファンド（債券重視型）

日本や世界の株式と債券に投資する投資信託。債券70％、株式30％と債券の割合が多いので、値動きがマイルド。そんなに大きく儲からなくてもいいから、値動きの幅を抑えたい人はコレ。

リスク許容度が高いほど銘柄選択の幅は広がります。教育資金や家電の買い替え費用など近い将来、必要になるお金を預貯金で確保できていたら「私は投資初心者だから、リスクが小さいものから始めます」と遠慮しなくてもいいんです。投資の目的はお金を増やすこと。**せっかく投資するなら、大きく増えることに期待したい。リスク許容度を上げればそれができます。**一時的にマイナスになっても、戻るまで待つことができるからです。もちろん投資に元本保証はありませんが、**やり方さえ間違えなければ、私たちの将来の生活を豊かにしてくれる心強い味方なのです。**

まとめ

わが家のリスク許容度に合った銘柄で積立投資すれば、大損は避けやすい

27

今、足りないお金は投資ではカバーできない

投資情報サイトで「NISAを始めてまだ1年なのに、120万円の元本が200万円に約67%増」なんていう投稿を目にすることがあります。「投資って、そんなにお金が増えるんだ〜!」と、投資で不労所得を増やしたら生活にゆとりが出るって思っちゃいますよね。

でも勘違いしないでください。投資素人の私たちがやるべき長期・積立投資は、「現在や、すぐそこの不足」を補うものではありません。もう一回言いますね、**投資は今の収入源にはなりません。**

たまたまではなく、安定して投資で「食える」のは選ばれし者だけ。選ばれし者

になるためには、絶えず勉強を続け、常に情報を収集し、毎日投資のために多くの時間を割き、投資に回せる十分なお金を用意する必要があります。**私たちフツーの人にとって、投資とは「儲ける」ものではなく、時間をかけてコツコツお金を「育てる」ものなのです。**

また、ここのところ、モノやサービスの値段が上がっていますよね。「物価高に負けないように投資しましょう」なんてアドバイスをネット情報で見かけるけれど、物価高で困っているのは「今」、長期投資で備えるのは「未来」のお金。**投資では、今の物価高にも円安にもエネルギー価格の高騰にも対抗できません。**

インフレでお金の価値が下がるから、投資で備えるというのは間違いではありませんが、それは「今」ではなく、先々に備えるということなんですね。

また「子どもの大学入試まであと3年。今から預貯金で貯めていたんじゃ間に合わないから」と、投資で教育資金を準備しようとするのもダメ。そんな3年で大きく増えるような投資商品は大損する可能性も大きいハイリスク・ハイリターン銘柄。

運よくハイリターンになればいいけれど、投資で大損したせいで子どもが大学に行けないという事態にもなりかねません。もちろん、子どもが小さいときから長期・積立投資で教育資金を準備するのはまったく問題ありません。

「預貯金では間に合わない」とか「急いでお金を準備したい」とか、そういうのに長期・積立投資は向いていません。5～10年程度で必要になるお金は投資ではなく、預貯金で手堅く準備するのが賢明です。

まとめ

投資したからといって、今使えるお金が増えるわけではない

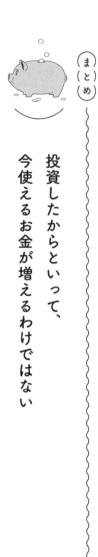

28

わかってほったらかしと、わからずにほったらかしは違う

「つみたてNISA」だとか、「つみたて投資枠」とか、「積み立て」で投資することが推されていますが、積立投資が〝神〟ってわけではありません。値動きはあるけれど、長期的に見れば基準価額が上がっていくと期待できる投資信託なら、積み立てではなく、最初に一括でまとめ買いした方がいい。値上がりしていくものを、なにも値上がりにつき合って、時期をずらして買うことはありません。最初に、ド〜ンとまとめて買えばいいんです。途中で基準価額がギザギザしても気にせず、「まあ、これくらい利益が出ればいいかな」というタイミングで売ればいい。金融庁の『つみたてNISA早わかりガイドブック』にも「相場が継続して上昇し続ける場合等、一括投資の方が有利な場合があります」と書かれていますから。

でも、なんで「積み立て」推しになるのかといえば、

●一括でド～ンと投資するお金がない
●買うタイミングがわからない
●毎月、決まった金額分ずつ買えば、安いときに買わなかったり、高いときにだけ買ってしまうことを避けられる

などの理由が挙げられると思いますが、積立投資の強みをホントに理解できてますか？　**積立投資に限らず、投資って、要は安く買って、買った値段より高く売って利益を出すことなんですね。**それには、まず「安く買う」のがポイント。投資信託の「基準価額＝売値」が下がっているときは、安く買えるチャンスタ～イム！基準価額が下がると、すでに持っている分の評価額が下がるので落胆する人が多いけど、実は絶好のチャンス。投資信託のバーゲンセールなんですよ。

積立投資とは、毎月決まった金額分ずつ買うこと。基準価額が安いときには、同じ金額でたくさん買うことができます。**積立投資で勝つポイントは、手持ちの投資信託の口数（株式の株数のようなもの）を増やすことにあります。たくさん持って**

値動きのあるリンゴを積立購入した場合と一括購入した場合の比較

	積立購入 400円×4回=1600円	一括購入 1600円
1カ月目 1個=100円	4個で400円	
2カ月目 1個=200円	2個で400円	1個= 100円
3カ月目 1個=40円	10個で400円	
4カ月目 1個=100円	4個で400円	
1個=90円	合計**20**個 平均購入単価 **80**円	合計**16**個 購入単価 **100**円

1カ月目より10円値下がり

リンゴの価値は
90円×20個=1800円
仕入れ値は1600円だから……
200円のお得

リンゴの価値は
90円×16個=1440円
仕入れ値は1600円だから……
160円の損

積立購入の平均単価の方が一括購入の単価より安くなるので、同じ金額でたくさん買える

いる方が有利ということですね。

前ページの図は、値動きのあるリンゴを４００円分ずつ４カ月に分けて積立購入した場合と１６００円分を一括購入した場合の比較です。一括購入では１個１００円を16個買いましたが、５カ月目に１個90円に値下がりしたので16個で１４４０円。１６０円の損失です。一方、積立購入は払った金額は同じ１６００円ですが、20個買えたので１８００円で２００円の得。この差が出るのは、**値動きのあるものを定額分ずつ買うと1個あたりの値段が安くなり、結果的に同じ金額でたくさん買えるから。**手持ちがたくさんあると、１個あたりの値段が下がっても、損を回避しやすいというわけです。おわかりいただけましたでしょうか？

まとめ

積立投資ならほったらかしで、手持ちの投資信託の口数が増えて元本割れが回避しやすくなる

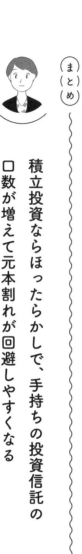

第三章

稼ぐ

29

パートで働くときの「扶養の壁」とは？

パートで働くときに気になるのが、「扶養の壁」。どれくらい稼ぐと、どうなるかってヤツですよ。扶養には「税金の扶養」と「社会保険の扶養」があります。この2つはまったく違う話なので、ごっちゃにしてはダメ。それぞれの扶養ごとに「壁」について説明しますね。

まず**「税金の扶養」**というのは、ザックリ言うと**「妻を養っているので税金を安くしてください」**と、**夫が税金の優遇を受ける制度。**年間の給与収入1195万円以下の夫が対象です※。

※満額の38万円の控除を受ける場合は1095万円以下

「社会保険の扶養」というのは、**「収入が少ないので夫の会社の社会保険に一緒に**

入れてください」と、妻が保険料を支払わずに健康保険や年金に加入する制度です。

なお、ここではわかりやすくするために「妻が夫の扶養に入る」と書いていますが、逆の「夫が妻の扶養に入る」でも同じです。また、ここではパート収入のケースについて説明していますが、扶養されている人が事業をしていたり、不動産の賃貸収入があるなど給与以外の収入がある場合は、当てはまらないので注意してくださいね。

3つの税金の壁

税金の扶養には、「103万円の壁」「150万円の壁」「201万円の壁」の3つの壁があります。税金の扶養に入れるかどうかは、1～12月の収入の実績＝年収で判断されます。

1　103万円の壁

年収が103万円以下の妻を養っている場合、夫は「配偶者控除」を受けることができます。これが「103万円の壁」。ただし2020年に税制が変わり、妻の年収が150万円以下なら、夫は満額の38万円の所得控除を受けられるようになりました（夫の年間の給与収入が1095万円以下の場合）。現在では103万円の壁は夫の税金には影響はありませんが、妻の税金には影響があり、妻の年収が103万円を超えると超えた分に税金がかかります。**103万円は「妻に所得税がかかりだす壁」なのです。**

また妻の年収が103万円を超えると、夫の勤務先で妻が被扶養者とみなされなくなることもあり、扶養手当や家族手当がつかなくなる場合もあるので注意。夫

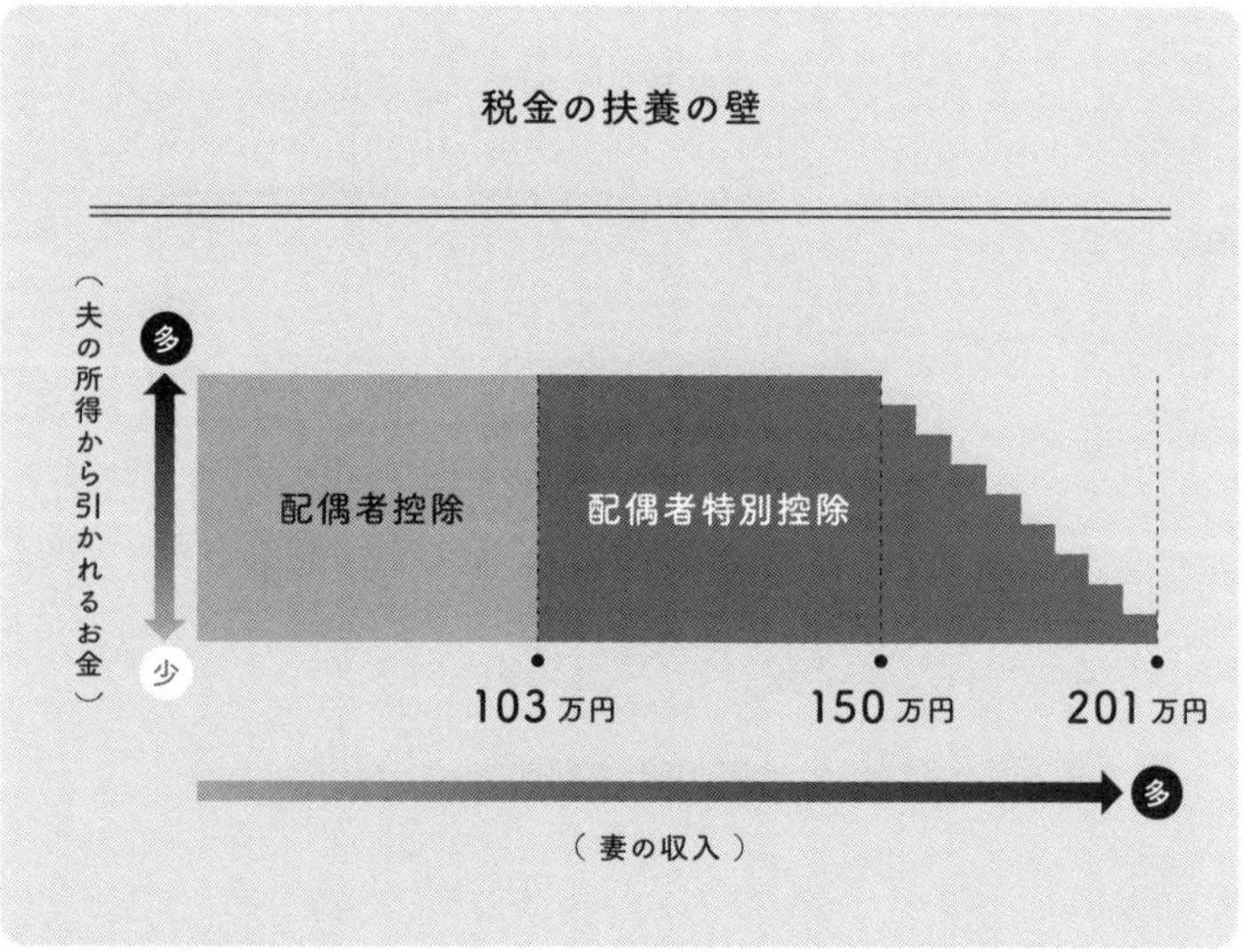

の勤務先に確認してね。

2　150万円の壁

税制上の扶養は「完全扶養」と「一部扶養」に分かれます。妻の年収が150万円以下なら完全扶養。これが「150万円の壁」。壁を超えて、年収がだんだん増えていくと、「夫が妻を養っている度合い」が下がっていきます。その分だけ夫の税金の優遇が減り、税金が増えるというわけです。いきなり優遇がゼロになるわけではなく段階的に減っていくので、**妻の年収が150万円を少しでも超えたら、いきなり夫の税金が大幅に増えるということはありません。**

3　201万円の壁

150万円を超えても一部扶養でいられますが、一部扶養からも出ることになるのが、妻の年収が約201万円超になったとき。これが「201万円の壁」。妻の年収が約201万円超になると、税制上、夫は妻を養っていないことになります。

2つの社会保険の壁

社会保険の扶養には「106万円の壁」「130万円の壁」の2つの壁があります。年収は過去の収入の結果（実績）ではなく、パート先との「契約」や、この先1年の「見込み」の年収で判断されます。

1　106万円の壁

パートで働いていても、次の5つの要件を満たすとパート先で社会保険（健康保険・厚生年金）に加入することになります。

- ・週20時間以上働く契約
- ・1カ月の給与が8・8万円以上（年間で目安106万円以上）
- ・2カ月以内に辞めると決まっていない
- ・学生ではない
- ・勤務先の従業員数が101人以上（2024年10月以降は51人以上）

パート先の社会保険に加入した妻は、夫の扶養からは外れることになります。

これが「106万円の壁」。壁を超えるとパート収入の金額に応じて、健康保険と厚生年金の保険料を支払います。

106万円という金額は、月8・8万円×12カ月から算出したもので、「月の収入が8・8万円以上の壁」というのが正式。パート先との「契約」が月8・8万円以上かどうかで判断するので、12カ月を経過して結果的に106万円を下回るような場合でも、契約を結び直さない限り、それだけで社会保険の加入対象外になることは基本的にはありません。また106万円には交通費、残業代、ダブ

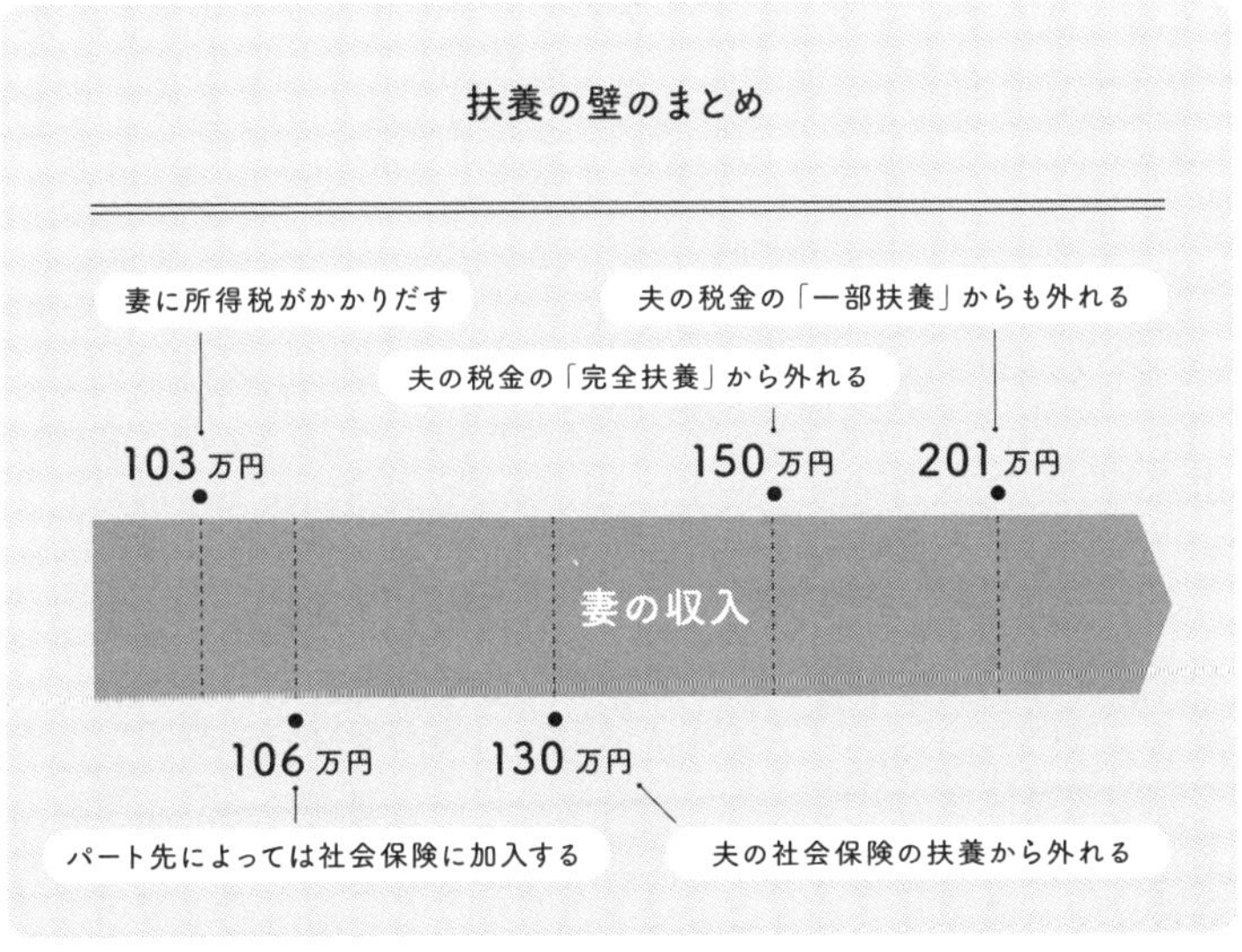

扶養の壁のまとめ
妻に所得税がかかりだす
夫の税金の「一部扶養」からも外れる
夫の税金の「完全扶養」から外れる
103万円
150万円
201万円
妻の収入
106万円
130万円
パート先によっては社会保険に加入する
夫の社会保険の扶養から外れる

ルワーク・副業収入は含みません。

少しややこしいのですが、妻の年収が106万円以上でも、P．138の5つの要件を満たさない場合は、年収130万円未満ならそのまま夫の扶養内にいられます。

2 130万円の壁

夫の社会保険に入っていられる妻の年収は130万円未満。このまま12カ月働くと130万円以上になる「見込み」かどうかで判断します。これが「130万円の壁」。細かいルールは夫の会社の健康保険のルールによって異なりますが、1カ月の妻の収入が10万8334円未満というのが一般的。この収入には交通費、残業代、ダブルワーク・副業収入などすべて含みます。

また「130万円の壁」を超えても、パート先の社会保険に加入できない場合は、自分で保険料を支払い国民健康保険と国民年金に加入することになります。

税金の壁を超えると夫の税金は増えますが、妻のパート代の増額分が夫の増税分を上回ることがほとんどです。

影響が大きいのは社会保険の壁を超えた場合。**パート代の増額分より支払う保険**

料の方が多くて、手取りが減るケースが出てきます。パート代を今よりいくら増やせば、社会保険料を引いても手元に残るお金が増えるのか、確認することが大事。

また、夫の会社の「扶養手当」も要チェック。会社によっては、扶養内の妻がいると「扶養手当」や「家族手当」という名目で夫に手当が出る場合があります。「扶養内の妻」に該当する要件は、妻の年収が「１０３万円以下」だったり、「社会保険の扶養内（１０６万円未満または１３０万円未満）」だったりと異なります。扶養を外れると手当が出なくなることも考慮して判断を。

※税金の壁は「００円以下、００円超」、社会保険の壁は「００円未満」に注意。「以下」はその金額を含み、「未満」は含みません

まとめ

税金と社会保険を合わせて「扶養の壁」は全部で5つ。乗り越えると、どんな影響があるかをまず理解する

30

永遠のテーマ 扶養内で働くvs扶養を外れて稼ぐ

「扶養内で働くvs扶養を外れて稼ぐ」のどっちが得か？　これまで何百回も解説していているけれど、それでも何百回も聞かれる質問です。

「どっちが得か？」は、何をもって「得」と判断するかによります。今、手元に残るお金が1円でも多ければ、働きがいも将来の収入増も全部捨ててもいい！というのなら、今の手取りがマックスになるような働き方を選択するのが一番。でも**扶養内で働くか、外れるかは、今の損得だけでは測れない、年金額が増えるなど将来の損得も含んでいます。なので、誰にでも当てはまる「これが一番、得！」という正解はありません。**

とはいえ、扶養内か、外れるかで、妻の手取り、夫の税金、世帯収入がいくら違ってくるのか、みんなが一番気になるところですよね。では、ナナコが例を挙げて解説しましょう。

税金の壁は、妻の年収が150万円を超えると夫の税金に影響します。つまり「夫の手取りがどれくらい減るか？」ということ。社会保険の壁は、妻が自分で払う社会保険料に影響します。つまり「妻の手取りがいくら減るか？」ということです。

次ページの図は、神奈川県横浜市に住む夫婦、夫の年収は500万円、妻の年収は103万円で、扶養内で働いているケース。妻の年収が増えると、妻の手取り、夫の税金、世帯収入、それぞれにどんな変化が起きるかを示したものです。

なお、夫の増税額は夫の所得による税率で異なり、妻の社会保険料は、加入している健康保険（協会けんぽ、組合健保、国民健康保険）によって、国民健康保険は住所地がある市町村によってマチマチなので、金額はあくまでもザックリとしたイメージです。

妻の働き方別・世帯収入の変化

夫
年収 500万円
手取り 約 380万円

妻
年収 103万円
手取り 約 102万円

世帯収入 約 482万円

税金の壁

（201万円の壁を超えた場合）

配偶者特別控除がゼロになる

妻
年収 210万円
手取り 約 167.0万円

夫
増税 7万円

▼

世帯収入 約 540万円
＋ 58万円

税金の優遇はゼロになり、夫の税額が増えますが、それ以上に妻の手取りが増えて世帯収入増。夫の税金への影響は気にしなくてよさそうです。

（150万円の壁を超えた場合）

妻の年収150万円超えで夫が増税

妻
年収 160万円
手取り 約 129.4万円

夫
増税 0.9万円

▼

世帯収入 約 508.5万円
＋26.5万円

妻の年収150万円超201万円以下は税金の優遇が逓減。夫の税金が増額しますが、それ以上に妻の手取りが増えて世帯収入は26.5万円増。

扶養の壁

パート先の社会保険に入ると手取りが減る

106万円の壁を超えた場合

●パート先の社会保険に加入すると

妻
年収 108万円
手取り 約 91.5万円

夫
変化なし

▼

世帯収入 約 471.5万円
－10.5万円

「106万円の壁」を超えて、なおかつ加入要件を満たした場合は、社会保険に加入して自分で保険料を払うことに。手取りは大きく減少。

●夫の社会保険の扶養内にとどまると

妻
年収 108万円
手取り 約 106.5万円

夫
変化なし

▼

世帯収入 約 486.5万円
＋4.5万円

パート先の社会保険に加入できない場合、妻の年収130万円未満なら夫の社会保険の扶養内にとどまることに。社会保険料の負担はなし。

130万円以上の妻は社会保険制度上、被扶養者ではなくなる

130万円の壁を超えた場合

●自分で国民健康保険・国民年金に加入すると

妻
年収 135万円
手取り 約 103.9万円

夫
変化なし

▼

世帯収入 約 483.9万円
＋1.9万円

社会保険制度上、妻は扶養される人ではなくなります。パート先の社会保険に加入できない場合は、自分で社会保険に加入することに。

●パート先の社会保険に加入すると

妻
年収 135万円
手取り 約 111.9万円

夫
変化なし

▼

世帯収入 約 491.9万円
＋9.9万円

パート先の社会保険に加入する場合、保険料の分、妻の手取りはダウン。ただし、自分で社会保険に加入するよりは負担が軽くて済みます。

前ページの通り、妻の年収が106万円以上になり扶養外で働くと、自分で社会保険料を払うので手取りが減ります。でも130万円の壁を超えるくらい稼げば、扶養内のときの手取りを超え、さらに150万円の壁を超えて夫の税金が増税しても、増税分を超える妻の稼ぎがあるので世帯収入は増えます。

で、永遠のテーマ「扶養内で働くvs扶養を外れて稼ぐ」のどっちが得か?に戻りますが、やっぱり、みんなに当てはまる正解は出ないんですよね。でも、これだけは言えると思います。5つの壁をオールクリアしたら、あとは稼ぎ放題。自分が稼いだ分が手取りに反映します。そして、自分の稼ぐ力を知ると扶養内に戻りたいって、思わなくなりますよ。

まとめ

扶養内で働くべきか、扶養を外れて稼ぐべきか、わが家の場合の損得を勘定する

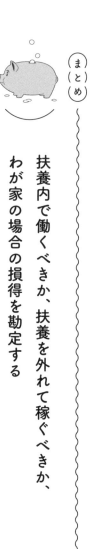

31

そもそもいくら稼ぐ必要があるのか？を知る

前ページからの続きです。扶養内vs扶養外の話になると、どっちが得？に執着しがちですが、**妻が働く理由が家計の不足分を補うためなら、「そもそも扶養内の収入で足りるんですか？」がスタート地点です。**扶養内で稼げる収入では、家計の不足分をカバーできないなら、扶養がどうのこうのと言っている場合ではありません。ぴょ〜んと壁を超えるしかありません。

なので、手順としてはP．51で今の世帯年収で貯まる家計になっているのかをチェックするのが先。で、お金が足りないなら、いくら足りないのかを確認します。

こんな相談者さんがいらっしゃいました。彼女は夫の社会保険の扶養内で働くために、年収を130万円未満に調整していたのですが、106万円の壁を超えるとパート先の社会保険に加入しなくてはならないことに。自分で社会保険料を払うと手取りが減るので、働く時間を減らした方がいいか、迷っていらっしゃいました。

子どもに奨学金を借りさせたくない、老後にお金のことで子どもに迷惑をかけたくない……というのが彼女の思い。家計を見直して、削れる支出は削りました。それでも、あと60万円、お金が足りない。あと60万円、家計収入を増やしたい。となると、扶養内ではなく扶養を外れて働き、収入を増やす必要があります。これが、彼女の場合の答えです。

扶養を外れるか外れないか、どっちが得か損かから始めるのではなく、**家計の不足分はいくらか、いくら稼ぐ必要があるのか？という順番で考えないと、最適解は出ないと思います。**

では、必要な手取り金額が（税金と社会保険料を引いたあとの手元に残るお金）、年100万円、120万円、150万円の3パターンで考えてみます。

◆100万円欲しい→扶養内

扶養内の稼ぎで家計の不足分を補えます。あとは自分次第で、もっと稼ぎたければ扶養を外れるのもOK。

◆120万円欲しい→扶養内で働く、または扶養外で年収145万円くらいを目指す、または扶養内で年収107万円くらい＋副業15万円を稼ぐ

年収106万円以上でも、パート先の社会保険に加入できない場合（P．138の5つの要件を満たさない場合）は、夫の社会保険の扶養内で年120万円分働きます。パート先で社会保険に加入できる場合は加入して、手取りが年120万円になるように働き（年収145万円程度が目安）、結果的に夫の社会保険の扶養から外れることになります。

あるいは、P．138の要件を満たさないパート先で社会保険に加入しないで年収107万円程度稼ぎ、ダブルワークで15万円稼ぎます。これなら夫の社会保険の扶養から外れません。

◆150万円欲しい↓扶養外で年収185万〜190万円くらいを目指す

パート先の社会保険に加入できるなら加入して、手取りが年150万円になるように働きます（年収185万円程度が目安）。結果的に夫の社会保険の扶養から外れることになります。

パート先の社会保険に加入できない場合、年収130万円以上になると、社会保険制度上、被扶養者ではなくなるので、夫の社会保険の扶養から外れることになります。自分で国民健康保険と国民年金の保険料を払って、手元に150万円残るように働きます（年収190万円程度が目安）。

いずれにしても、まずは家計の不足分を知ることが先決です。

まとめ

扶養を外れるか、外れないかで悩む前に「いくら稼ぐ必要があるか？」を確認する

32

扶養を外れるかで迷ったときの7つのヒント

「扶養」という制度は、働けない人を守るために、その昔、つくられたものだと思いますが、今となっては女性の働き方の自由度を妨げる「壁」になっている感も否めません。扶養を外れるかどうかで悩んで相談に来る方がとても多いのですが、次の7つのことを確認すると自分が選択すべき道が見えてきますよ。

1　家計の不足分はいくらか？

これは前項で書いたように、そもそも扶養内で働いたときの収入では、家計の不足分を補うことができないなら、四の五の言っている場合ではありません。乳幼児を抱えて保育園に入れないなどの問題があるのなら別ですが、**「50代後半なのに老後資金が貯まってませんへ〜」だったら、扶養内にこだわらずに働くのが一番。**

2 扶養を外れたあとの保険はどうなるか？

夫の社会保険の扶養を外れると、自分で社会保険に加入する必要があります。扶養を外れた場合、社会保険にどんな選択肢があるのか？　働き方を変えるとしたら、どんな選択肢があるのか？　ここはかなり重要です。

パート先の社会保険に加入できる要件を満たしている場合（P．138）は、パート先の社会保険に加入。その場合、収入に応じて健康保険と厚生年金の保険料を会社と折半で負担することになります。

問題はパート先の社会保険に加入できない場合。選択肢は3つ。1つ目は、パート先で社会保険に加入できるようにフルタイム近く（週30時間以上※1）働く。2つ目は、自分で国民健康保険、国民年金に加入する。その場合は、保険料が全額自己負担になるので、パート先で保険に加入するよりも、たくさん稼がないと手取りが増えません。しかも健康保険の保障はつかないし、老齢厚生年金はもらえないことに注意。3つ目は、いっそのこと従業員数101人以上（2024年10月以降は

51人以上）のパート先に転職※2。自分の働き方が加入要件を満たせば、パート先の社会保険に加入することができます。

※1　パートやアルバイトなどの短時間労働者が社会保険に加入する場合、週の労働時間がフルタイムの4分の3、30時間以上であることなどが基準となる

※2　4分の3基準を満たしていない短時間労働者でも、パート先が従業員数101人以上（2024年10月以降は51人以上）で、自分が加入要件を満たせば社会保険に加入できる

3　社会保険加入で保障がどれくらい手厚くなるか？

「扶養を外れる＝手取りが減る」ばかりが注目されて、扶養を外れると損をするイメージがあるようですが、それはちょっと違います。**自分で社会保険に加入して保険料を払うと、その分の見返りとして社会保障を受けることができます。**自分に何かあったときの安心を手に入れるって、結構、価値があることですよね。

・**出産手当金**：出産日以前42日（多胎妊娠の場合は98日）から、出産日の翌日以降56日までの間で、会社を休み給与の支払いがなかった期間を対象として、それまでの給与の3分の2程度の金額を受け取れる

・**傷病手当金**：病気やケガで会社を休み、給与の支払いがなかった場合、それまでの給与の3分の2程度の金額が1年6カ月間、受け取れる
・**遺族厚生年金**：死亡した場合、夫の年金に遺族厚生年金が上乗せされることも
・**障害厚生年金**：在職中に病気やケガで障害認定された場合、障害基礎年金に上乗せして障害厚生年金を受給できる

4　社会保険加入で年金がいくら増えるか？

自分で社会保険に加入すると、**3**の困ったときの保障以外に、厚生年金に加入することになるので老後の年金額が増えます。

民間の保険会社の個人年金保険の多くは年金受取期間が決まっていますが、国の年金はどれだけ長生きしても受け取り続けられる終身保険。長生きの女性にはありがたいです。

年金額が増えると老後資金を準備する負担が減るので、今に使えるお金が増えることにもつながります。

5　夫への影響はどうか？

扶養を外れるかどうかで迷っている方はよく「夫が、夫が……」とおっしゃいます。でも妻が夫の社会保険の扶養を外れても夫の手取りに影響はないし、税金の扶養を外れることで夫が配偶者特別控除を受けられなくなっても、妻の稼ぎが増えるので世帯収入に影響なし。世帯収入が増えるケースも多いです。ただし、**「扶養手当」や「家族手当」は会社によって意外と影響が大きいので調べておいてね。**

6　働く時間を増やした分、何の時間を減らすのか？

扶養を外れて働けば、仕事に費やす時間が増えます。**今までやっていたことを全部こなして、さらに仕事を増やそうとするのはNG。**1日は24時間です。仕事の時間が増えたからといって、1日が27時間になるわけではありません。

今までやっていた「何か」の時間を減らして、その時間を仕事に回すことになります。それが家事の時間、趣味の時間、子どもとの時間、睡眠時間なのか。24時間の時間割を作り直す必要があります。

7 自分の働きたい気持ちはどうか？

お金やら、保障やら、夫との関係やら、時間やら、悩ましいことは山ほどありますが、「ともかく働きたい！」なら、扶養にとらわれずに働いた方がいいです。**仕事をするって、お金の損得なんかでは測れない価値があります。**自分の能力を活かしたり、高めたりすること、仕事を通じて社会に貢献すること、経済的・社会的に自立すること、人とのつながりを持つこと、やりがい・生きがいを見つけること、子どもに自分の働く姿を見せること……どれも、ものスゴい価値があると思います。その価値を考えたら、扶養の壁を超えることなんて、ちょろいもんです。

まとめ

今のお得、将来の安心、家族への影響、自分の気持ち……どこに引っかかっているのか、自分に確認しよう

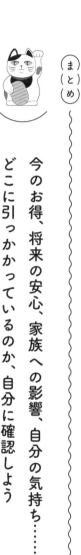

33

ない袖は振れない。頑なに扶養内にこだわる理由は何？

家計の不足を補うために妻が働きに出ても、扶養内のパート代では不足分がカバーできないという場合があります。また、現在の世帯収入では自分たちが望む暮らしを実現するには足りないという場合もあるでしょう。夫婦ともにフルタイムで働いていたら転職などをしない限り、大幅な収入増は難しいですが、**妻が扶養内で働いているなら、扶養を外れて働けば、収入を増やすことが可能になります。**

ところが、「扶養を外れる」という選択肢が、はなっから眼中にない人もいます。「扶養内で働く」に頑なにこだわる人、ない袖を振ろうとしている人ですね。彼女たちが扶養内にこだわる理由はどこにあるのでしょうか？

まず、扶養内の収入では足りていないことに、本人が気づいていないことが考えられます。「なんとなくお金が足りないな〜」とか「もう少し貯められたらいいのにな〜」とは思っているのですが、年齢に対して貯蓄が不足しているので、このままでは先々困る危険性大なことに気づいていない人がいます。今の生活がそれほど問題なく回ってしまっているので、困り感が薄いんですね。今の暮らしにも、将来の暮らしにも危機感がないので、扶養内から出る気がありません。

こういう場合は、P.41を参考にして、貯めるべき金額を確認しましょう。

また、扶養を外れると、必ず損すると思い込んでいる人もいます。夫の税金が爆増し、自分は税金と社会保険料を天引きでむしり取られて世帯年収が減る。扶養を外れる人は、バリバリ働いて、ガンガン稼げる能力がある人に決まっている。年収103万円を超えないように、パートのシフト調整をした方が得だ……と思っている人ですね。

これに当てはまる人は、P.144を参考に、扶養を外れた場合の影響を数字で確認しましょう。

あるいは、「扶養内で働いた方がお得」「扶養を外れると手取りが減って損」という世間の声に流されている人もいます。損得の判断基準は、社会保険料を自分で払うか、払わないかだけではないのです。自分で払えば、その分の見返りを受けられます。ただお金を取られるわけではありません。その見返りが「社会保険加入で保障がどれくらい手厚くなる？」と「社会保険加入で年金がいくら増えるか？」（P.153・154）です。病気やケガで働けなくなったときにお金が出たり、年金額が増えるって、結構、お得なことだと思いますよ。年金は死ぬまでもらえるから、払った保険料のモトは取れるんじゃないですか？　それに、なんといっても安心感がありますもの。目先の得を取るか、未来の得を取るかの問題ですね。

扶養内か扶養を外れるかは、みんなの関心が非常に高いテーマで、私のＹｏｕＴｕｂｅでも24回取り上げているし、テレビの情報番組や雑誌などで「舌にタコ」ができるほど解説していますが、それでも決着しないテーマなんです。この先もまだまだ続きそう。

　それくらい扶養を外れるというのは、ハードルが高いことなんですね。扶養を外れたあとの手取りが、扶養内のときの手取りに追いつくには、年収130万〜140万円程度を目指す必要があるのも現実です。

　扶養から出た、壁を乗り越えた……その先について思い込みや世間の声に左右されるのではなく、わが家の家計の数字をベースにするのが判断ミスを回避するには大事。**「今の収入では足りていない」という動かぬ数字を見たら、扶養内にこだわる頑なさがゆるむかもしれませんよ。**

まとめ

お金が足りないときは、自分も家族も元気で、働く場所があるなら、働こう！

34

働くことが割に合う損益分岐点はどこ？

パートで働いている場合、収入を増やすためには、働く時間を増やすのが一般的です。もちろん、時給アップという手もありますが、それはパート先の会社が判断すること。会社と交渉することはできても、実際に時給が上がるまでには時間がかかりそうです。

なので、収入を増やしたいと思ったら、週3日だったパートを週5日に増やすなど勤務シフトを変えて、働く時間を増やす方が話が早い。ただし、P.155でも書きましたが、1日は24時間なので、働く時間を増やすと、これまでやっていたほかの時間を減らすことになります。

ほかのことができなくなったことと、働くことで得られる何かを天秤にかけて、「これなら割に合うよね」と思える〝損益分岐点〟はどこか？ 自分の分岐点がどこにあるのか、次の5つのポイントが手がかりになりそうです。

1　手元に残るお金で分岐点を判断する

出勤日を1日増やしたら、出勤時間を1時間増やしたら、拘束時間を2時間増やしたら、手元に残るお金が月にこれくらい増える。これがもっともわかりやすい基準ですね。増える金額を見て、これくらい増えるなら朝1時間早く起きてもいい、推しのYouTubeを見る時間が減ってもいい、インスタグラムの投稿回数を減らしてもいいと思えるなら、損益分岐点クリアです。

増えるお金の計算は、扶養内なら「働いた時間×時給」なのでわかりやすいですが、扶養を外れるとなると、収入から税金や社会保険料が引かれるので、「収入増=手取り増」とはなりません。その点も考慮して判断を。

2　得られる保障や年金で分岐点を判断する

社会保険に加入すると、保険料が給与天引きになるので手取りが減ります。働く時間を増やしたのに、手元に残るお金が前より減ったり、大して増えないと「これじゃ、割に合わない」と思っちゃいますよね。

でも、その代わり保障と年金額が増えます。扶養内だと国民年金にしか加入できないので老齢基礎年金しか受給できませんが、パート先で厚生年金に加入すると老齢基礎年金に加えて老齢厚生年金も受け取ることができます。公的年金は死ぬまでずーっと受け取れるので、長生きするほど受給総額は増えていきます。「保障がついて、年金が増えるなら、働く時間が増えても割に合う」と思えるかが分岐点ですね。

3 家計への貢献度で分岐点を判断する

自分の収入が、どれだけ家計の助けになるかも分岐点になります。たとえば、自分の収入が子どもの習い事代、塾代、大学進学費用の一部になったり、自分が稼いだお金で年1回の家族旅行や週末の外食を楽しむことができると、「働くことが割に合う」と感じるものです。

それに対して、働きに出たせいで夕飯を作る余裕がなくなって総菜の購入や出前、外食が増えたり、仕事をするための洋服代やコスメ代がかかって、稼いだお金が家計に大して貢献しない場合は、「割に合わない」と感じるかもしれません。

4 働きがいで分岐点を判断する

短時間のパートの仕事ではつまらない、仕事についてもっと勉強をしたい、正社員の人と同じ仕事をしたい、将来のビジョンが見える働き方がしたい……など、仕事に対するモチベーションが高い人の場合は、責任のある仕事を任されたり、自分の仕事が認められることで、「割に合う」と感じることも。

収入が大して増えなくても、自分が役に立っている、評価されていると感じることで、「割に合う」分岐点をクリアする人もいます。

5 働きやすさで分岐点を判断する

今の職場ではこれ以上、収入を増やすのは難しい場合、たとえ転職した方が収入が増えて「割に合う」としても、そう簡単には判断できませんよね。特に、今の職場が働きやすい場合は悩ましいです。

子育てに理解がある、職場が近い、環境がいい、同僚との関係がいい……などの働きやすさと、年収が10万円程度増えることを引き換えにするのは、どうでしょう？　10万円増では割に合わないけど、じゃあ、いくらなら割に合う？　働きやすさも分岐点になります。


働くというのは、お金のためだけにすることじゃないから、お金ではない要素もとても大事です。収入は増えないけれど、今の職場で働き続けたいことだってありますもの。でもね、それは「家計が困らない」ことが前提です。

だって、夫が仕事のやりがいとか、社内の人間関係とか、通勤の便とかのために収入を減らすと言ったら、反対しない？「え〜っ！　住宅ローンはどうするの？来年から子どもを塾に通わせたいんですけど。働きがいなんて、甘いこと言ってる場合じゃないわよ」って、文句を言わない？　**自分は自分に都合のいい働き方をして、家計のお金の責任を夫に押しつけるのはズルくない？**

もちろん、家族の責任は稼ぐことだけではないし、家事、育児、家計管理をするこども責任を果たしていることになります。でも、それでもやっぱり、家計のお金の責任は夫婦でちゃんと背負わなくっちゃね。そのうえで、「割に合う」働き方を考えたいですね。

まとめ

「割に合わない」と思うなら、働き方を変えなきゃ、ダメだよ

第四章

使う

35

〝ぬるっと〟お金を使わない

〝ぬるっと〟お金を使うというのは、たとえば次のようなこと。思い当たることがある人は、ぬるっとお金を使っている可能性大かもです。

☑ そんなに収入が少ないわけではないのに、なぜかお金が貯まらない

☑ スーパーで買い物するときは、安売り品を選んで買っているのに給料日前にお金がなくなる

☑ 服はファストファッションで、化粧品はプチプラなのに貯金ができない

☑ 海外旅行には行かないし、ブランドバッグも買わないのに、年収の割に貯蓄が増えない

☑ 1万円札を崩すといつの間にかなくなっている

☑ 先週買ったものを思い出せない
☑ 貯蓄が増えないのは景気が悪いせいで、仕方がないと思っている

収入が少ないわけでもないし、特に贅沢もしていないし、まとまったお金を使った記憶もない……なのにお金が残らない。残っているはずのお金がない！　まるでミステリー！　怖いですね～。お金はどこ行った？

「気がついたらお金がなくなっていた」とおっしゃる人に、ホントに起こった「お金がぬるっとなくなった」事例を紹介します。

「安いイメージ」で大散財事件

少額だからと、毎日のようになんとなく使ってしまうお金のことを「ラテマネー」なんて言ったりします。カフェで飲む1杯分のラテ代は高くはありません。でも大した支出ではないと油断して、1日1杯「ラテ」を飲むことが習慣になると、1カ月では結構な金額に。**一つひとつは高くなくても、「チリも積もれば」で大きな支出になります。**贅沢しているつもりは毛頭ないし、お金を使っている意識が希薄。**なので「気づいたらお金がなくなっていた」という事態になるのですね。**

3000円以下はなかったことにしていた事件

「そんなにお金を使っていない」という相談者の方に、先週1週間で何に、いくら使ったかを聞いたら、1回5000円以上の支出は思い出せたのですが、3000円以下の支出は「記憶にございません」状態。でも、レシートを確認して細かい支出を足していったら合計3万円にも。お金を使った意識がなければ、使わないようにするのは難しいですよね。

まるでシェアハウス住まいのような夫婦の事件

夫婦別財布の家計で、しばしば発生するのがコミュニケーション不足による余計な支出。個人的な買い物にいちいち口出しする必要はありませんが、家計に関係する支出は情報共有が大事です。夫婦それぞれが、同じ日にスーパーで夕飯の食材を買ったり、動画配信サービスや通販サイトの有料会員に契約しているのは不要な支出。まるでシェアハウスに住んでる同居人同士のように、夫婦が**お金のことを共有していない家計は貯まりにくいです。**

以上3件の「お金がぬるっとなくなった」事件に妙に共感しちゃう人や、冒頭のチェックリストに思い当たることがある人は、ぬるっとお金を使っている可能性大です。自分でも、なんとな〜く自覚があるんじゃないかな？

ぬるっとお金がなくなるのをやめるなら、まず買い物をしたら必ずレシートを受け取ること。キャッシュレス決済で買った場合でもレシートを受け取る。そして、その場でレシートを見て、買ったものと金額を一つずつ確認する。家計簿をつけろとまでは言いません。見るだけでいい。それを繰り返して「この買い物は余計だったかな？」とお金を使うことを意識することが、ぬるっとお金を使わなくなる最初の一歩ですよ。

まとめ

無意識のうちに〝ぬるっと〟使っていると、気づかぬうちにお金が消える

36

お金は、使わないことよりも使うことの方が難しい

いつも漠然としたお金の不安がある、もっと節約して貯蓄を増やさなくちゃと思う、家族旅行から帰るとムダ遣いをしたような罪悪感を覚える、いつも安いものばかりを選んで買ってしまう……そんな経験をしている人は少なくないのでは？　お金を使うことになぜか抵抗感があって、使うたびに後ろめたい気持ちになって自分を責めちゃう人ですよね。

それがツラいから、できるだけお金を使わないようにやみくもに節約をする。それで不安が解消されたかというと、やっぱりモヤモヤしちゃう。やみくもに節約するのも、やっぱりツラい。なんでこんなにケチケチしなくちゃいけないの？って。お金を使うと不安になり、使わないで節約していても不安になる。

じゃあ、もっと貯蓄が増えて、使えるお金がたくさんあったら、気持ちよく使えるようになるのかな？と思うでしょ。でも、実際はそうでもないんですよね。1000万円貯まれば、500万円貯まれば、1000万円貯まれば……お金の不安から解放されるというわけではないんです。だって、貯蓄が1億円あっても不安に感じている人もいますから。貯蓄の多さと、お金を使ったときの満足度は、必ずしも比例しないんです。

お金は使わないことより、使うことの方がずっと難しい。罪悪感なくお金を使うには「準備と訓練」が必要です。

準備とは「使っていい額を明確にする」こと。P.51を参考にして、「必要貯蓄額」と「使えるお金」をまず確認します。「必要貯蓄額」を先取りで確保すれば、よほど不測の事態が起きない限り、計画通りに貯まっていくはず。それがわかることで、心置きなくお金が使えるようになります。使うことが怖くなくなるんですね。

それでも、なかなかお金が使えない人もいます。お金を極力使わないことが身にしみすぎて、1円でも多く残したくなってしまう人ですね。この場合はお金を使う「訓練」が必要。

訓練とは「お金を使って成功体験を積む」こと。「いい使い方だった」と思える体験を増やしていくのです。なんとなくお金を使っていると成功体験は積めません。**意識して使って、使ったあとに振り返ることが大事。**〝ぬるっと〟使っていたら、ダメですよ。

たとえば、**去年1年間の「ベストバイ」を書き出します。**ちょっと高かったけど家事が断然ラクになった家電、奮発した家族旅行、前から欲しかったバッグ、予約して行ったイタリアンレストランなど。手始めに過去1年間で思い出せるベストバイを書き出し、次は半年後にもう一度、直近半年分でやってみる、さらにその1カ月後にと、スパンを短くして「いい使い方」を意識します。トレーニングを繰り返すうちに、自分は何にお金を使うと満足度が高いのか、どういうタイミングで使うと楽しいのか、だんだんとわかってくるはずです。**成功体験を増やすことで「お金を上手に使う力」が身についていきます。**

私の相談者の中にも準備と訓練をしたことで、お金を上手に使えるようになった人たちがいます。お金を使うことに抵抗感があったせいで「ウチは私立高校なんて絶対無理」と思い込んでいたのが、お金ではなく、子どもの気持ちを優先して進路について考えられるようになったり、「家族旅行なんて贅沢」と思っていたのが、「子どもと一緒に過ごせるうちに」と、離島の星空ツアーを体験して家族の思い出づくりができたり。お金を上手に使う力がつくことで、これまでの自分の考え方や選択に変化が表れるんですね。

どんなに節約しても、あの世までお金を持っていくことはできません。今が不安だからと、できるだけお金を使わないようにして、死ぬときに貯蓄額がマックスになっているなんて、悲しすぎます。

1万円札は、それ自体はただの紙切れ。自分や家族が幸せな気分になる使い方をしたときに、そのただの紙切れが最大の価値を発揮するのです。**節約は大事だけど、それ以上に上手に使うことが大事なんですね。**

まとめ

お金は生きているうちに、幸せな使い方をする

37

レシートは「必須」と「ゆとり」の2山でいい

満足度の高いお金の使い方をしようと思ったら、「何にいくら使ったか」を知ることが大事、とは先述の通り。同じ1万円でも知らないうちに〝ぬるっと〟なくなっちゃうのか、それともムダ遣いをなくして納得のできる使い方ができたのかで、自分にとっての価値は何倍も、何十倍も変わります。でも、いちいちチェックするのは面倒くさい……という意見も、ごもっとも。まして今まで家計簿をつける習慣がなかったら、なおさらですよね。

そんな面倒くさがり屋さんでもできる、オススメの方法を紹介しましょう。それは、1カ月分のレシートを『必須』と『ゆとり』の2山に分ける」です。これなら、どんなズボラさんだってできるでしょ、っていうか、やろうよ。

現金払いかキャッシュレス払いかは気にしなくてOK。クリアファイルでも、ジッパーつきポリ袋でも、封筒でも、何を使ってもいいので、レシートをこの2山に分けます。お金を使った日にやってもいいし、週1回でも、給料日前にぜ〜んぶまとめてやってもよし。

「必須」とは、どうしたって減らすことができないもののこと。食料品、洗剤やティッシュなどの日用品、学用品、下着、靴下、交通費、医療費などですね。

「ゆとり」とは、なくても生活には影響がないもののこと。必要ではないけど欲しくて買ったもの、便利そうで買ったもの、ラクをするために買ったものなど。あると便利だけど、なくても平気ってヤツですね。

必須かゆとりか、どっちに仕分けるべきか迷ったら、人に「どうして買ったの?」と聞かれたときを想像してみましょう。**胸を張って「必要だから」と答えられるものは必須に、ちょっと言いよどみそうだったらゆとりにします。**

1枚のレシートに必須とゆとりが混ざっている場合は、金額の多い方を基準に振り分けます。仕分け終わったら、それぞれの合計額を算出。1円単位で計算しないで、たとえば1228円なら、端数を切り捨てて1200円でOK。必須とゆとりの1か月分の支出総額がざっくり出せて、どちらが多いのかがわかれば十分です。細かいことは気にしないで。

ゆとりの割合が多かったからといって、必ずしもダメとは限りません。ゆとりがすべて「浪費」というわけではありませんし、家計が赤字ではないなら、別に減らす必要もないのです。

でも、NISAに回すお金をもっと増やしたいとか、次はもう少しハイクラスの車に買い替えたいとか、家族で海外旅行に行きたいとか、**自分にとってより大事なもの、満足できることにお金を使いたいと思うなら、支出管理をもう一歩前進させてみましょう。**

2つに分けたレシートの必須の山を再検討。必須と分類したけど、ちょっと判定が甘かったかも……と思う支出はゆとりに仕分け直し。ゆとりと必須が混ざったレシートは、ゆとりにマーカーを引いて、より細かく金額を把握するのもよし。必須とゆとり、わが家の最適バランスを探ってみて。

細かく費目をチェックしなくても、必須とゆとりを仕分ける習慣がついたら、**買い物をするとき、「これは必須かな？　ゆとりかな？」という疑問が頭をよぎるはず。**それだけでも、満足度の高いお金の使い方をする訓練になるうえ、自然とムダな支出が減っていくはずですよ。

まとめ

レシートを2山に分けるのも面倒くさいと言っていたら、一生、満足度の高いお金の使い方ができないよ

38

キャッシュレス時代のお金とのつき合い方

クレジットカードはもちろんのこと、最近では、コード決済の普及でキャッシュレス化が進行していますよね。スーパーで買い物して現金で支払っている人、少ないし……。スマホをピッてやっている人の方が多いですもの。

キャッシュレスが家計管理に役立つ点は、オンライン上でクレジットカードやコード決済の**「利用明細」「取引履歴」を確認できること。これらは家計簿代わりになります。**デメリットは**お金を払った意識が希薄で使いすぎてしまうこと。**

キャッシュレス決済にはクレジットカード、電子マネー、デビットカード、コード決済などいろいろありますが、自分が利用しているものが「いつ、どこから、いくら」お金が支払われているか把握できていますか？　特に使用時と、口座からお金が引き落とされるまでにタイムラグがある場合は、管理がややこしくなります。

書店でクレジットカードで雑誌を買い、Ｓｕｉｃａでお総菜をピッ、友達に立て替えてもらった分を○○Ｐａｙで送金、便利～、ポイントが貯まってお得～なんてやってるうちに、支払いがぐちゃぐちゃに。使った金額も、どこから引き落とされるのかも把握不能……なんて状態にならないためのポイントはこの３つ。

1　キャッシュレス決済は3つまで

キャッシュレスに振り回されないためには、なんたってこれが手っ取り早い。

手持ちのキャッシュレス決済を整理する

	（例）
キャッシュレス決済の種類	○○ Pay
お金を支払うところ	AB カード
引き落とし口座	○○銀行 普通預金
メリット	いつも行くスーパーで使える ポイント 0.5% 還元
デメリット	年会費がかかる
重要度	★★★★☆

ポイントがつくとか、還元率がアップするとか、割引になるとか、そういった目先のお得につられて、**お金を使いすぎたら本末転倒**。

利用するキャッシュレス決済は3つまでに限定。今使っているキャッシュレス決済の中から、残したいものを3つに絞ります。右の例を参考にして、手持ちのキャッシュレス決済のメリットとデメリットを比較して、残す3つを決めても。ポイントを分散させず効率的に貯めるためにも、数を絞りましょう。支払いをラクにするためにキャッシュレス決済にしたのに、管理の手間が増えちゃった、とならないように。

2 「あといくら使えるか」を確認

キャッシュレス決済は、財布からお金が減らなくて、使った感覚がないし、財布にお金が残っているからまだ使える気がするのがデメリット。

なので、使いすぎを防止するには、次の方法が有効です。

・キャッシュレス決済と家計簿アプリを紐づけて、使った金額と、今月あといくら使えるかがわかるようにする

・交通系ICカードやコード決済などプリペイド式のキャッシュレス決済には、使

っていい金額だけをチャージ。オートチャージ機能をＯＦＦにする

・支払いのたびにスマホに通知が来るようにして、使った額や残高をすぐに確認できるようにする

・1カ月分の変動費（使えるお金）を現金で引き出し、キャッシュレス決済したら、その分を現金で袋分けしておく。袋分けしたお金は、月末にキャッシュレス決済の引き落とし口座に入金する

3　いっそのこと現金払いに戻る

それでもキャッシュレスだとお金を使いすぎてしまう場合は、キャッシュレスはやめて、ニコニコ現金払いにする。

まとめ

キャッシュレスは諸刃の剣。
便利だけど、使いすぎの元凶にもなる

39

ストレスでお金を使う「弱さ」に勝つ！

気分がむしゃくしゃしたとき、買い物するとスッキリすることってありますよね。スッキリするのは一時的で、あとで「ムダ遣いしちゃった。私ってダメな子」と自己嫌悪に陥るのはわかっているんですよ。でもね、ストレス買いしちゃうものなんですよ。ストレス買いはもうやめたい、ストレスのせいでお金が貯まらないのはイヤ！と思っているなら、こんな対策法を試してみてもいいかも。

買い物以外でストレスを発散する

まずは、買い物以外のストレス発散法を見つけませんか？　甘いものを食べまくるとかでもいいですが、健康と美容のことを考えるとちょっとそれはね〜。歌う、踊る、走る、筋トレする、ストレッチをする、シンクを磨く、トイレ掃除をする、観葉植物に水やりをする、お風呂に入る、ピアノを弾く、韓流ドラマを観る、推しのYouTubeを観る……など。**お金がかからなくて、人に迷惑をかけないことがいいですね。**パーッと買い物をするのは気持ちいいですが、その気持ちよさは脳の神経を刺激してクセになりやすいものです。「イライラする→買い物で発散する」という行動パターンが定着しないように。

ショッピングサイトをうろつかない

ストレスがたまると買い物に走ってしまうとわかっているなら、誘惑の元凶には近づかないこと。

Amazonプライムデー、楽天お買い物マラソン、無印良品週間など魅力的なセールのお知らせメールが届いても「何かいいものないかな〜」「お得な掘り出し物ないかな〜」と、サイトをウロウロしないように。見たら欲しくなるに決まっているから、わざわざ自分から見に行かない。**欲しいものを見つけたのに買うのを我慢したら、ますますストレスがたまっちゃいますよ。**

ストレス予算を立てる

ストレスをなくすことなんかできないし、ストレスに強くなんかなれないし……と思うなら、ストレス買いを無理にやめなくてもいい。その代わり、ストレス買いしてもOKな予算を決めましょう。「ストレス買い費」を堂々と計上した方がスッキリします。その分、ほかの支出や先取り貯蓄額を減らすことになるので、それは覚悟しましょう。でも際限なく買うよりも、予算を決めてその金額内で買い物した方が支出を抑えることができるし、**予算内でやりくりしようと思うから、いい買い物ができるはずです。**

まとめ

買い物でストレス発散しても、それは一時しのぎにしかならない

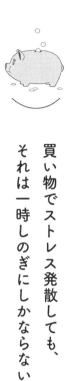

40

共働き〝あるある〟。今使えるお金があるから使うはNG

夫婦ともに正社員で共働きの場合、片働きや妻がパートの場合と比べて、世帯年収が多くなる傾向があります。手持ちのお金はあるし、節約しなくても赤字にならないからお金の管理が甘くなりがち。次のことに思い当たる人は、「共働き〝あるある〟」の財布のヒモがゆる〜いお金の使い方になっているかもしれません。

☑ 相手の月収や年収を知らない
☑ 相手もそれなりに貯金していると思っている
☑ 夫婦でお金の話をすることはほとんどない
☑ 節約はあまり意識しないが、ムダ遣いや贅沢はしていないと思う

☑ 家計簿はつけていない
☑ 夫は固定費、妻は変動費などの分担を決めて、あとは自由に使っている
☑ 支払いはキャッシュレスが多い

「これまで一度も、家計簿をつけたことがない人はいますか？」。セミナーなどでこう質問すると、たまに1人、2人と周りを気にしながら、そっと手を挙げます。プロフィールを伺うと、**正社員の共働きをずっと続けてきて、「お金が足りない」や「お金がなくて困る」という経験をしたことがない人が多いです。**

家計簿をつけ始める動機は人によってさまざまですが、「今のままで大丈夫かな？」とか「もっとお金を貯めたい」とか、さらに切羽詰まって「毎月の赤字をなんとかしたい」などがよくあるパターン。家計やお金の管理について、なんらかの問題意識がある場合、「まずは現状を把握するために、家計簿でもつけてみようかな〜」となるわけですから。

でも、実際に家計に問題があるか、ないかは別にして、問題意識や危機感がな〜

んにもない場合は、家計簿をつけようとは思わないし、家計を管理しようとも思わないものです。

以前、こんな相談を受けたことがあります。30代後半、正社員、共働き、子ども2人、世帯年収は手取りで1300万円。

夫婦別財布の家計で、住居費や水道光熱費などの固定費は夫、食費や日用品費などの変動費は妻といった感じで、家計支出をなんとな〜く2人で分担していました。すごく節約しているわけではないけれど、**家計支出の分担分以外は、ぜ〜んぶ自分の小遣い。**自由に使ってOKのルールです。自分たちとしては「フツーに」お金を使っている感覚です。

ところが、小学5年生の上の子が中学受験をするために塾に通い始めたことで、状況が変わってきました。塾代が思いのほか、かかる。私立の中高一貫校に進学した場合の教育費がどれくらいになるのか、見当がつかない。これまでお金の心配をしたことがなかったご夫婦が、初めてお金の不安を感じました。

まずはクレジットカードの利用明細書などを見ながら、支出を一つずつチェック。

その結果、世帯年収が手取り1300万円に対して、前年1年間の支出が1500万円になっていたことが判明。200万円の不足分は貯蓄を取り崩していたのですが、その自覚がない。このご夫婦は家計を一から見直して、手遅れになる前に年間収支の赤字解消と教育費の確保ができました。

正社員共働きだと、「今は」お金に困ることはありません。世帯収入がいいから「節約しなくちゃ」とか、「お金を貯めなくちゃ」とか思わなくても、な〜んにも困りません。

でも、それがずっと続くわけではないんですよね。年金生活に入ったら、今のお金の使い方は通用しなくなります。**現役時代に高収入の人ほど、現役時代の収入と年金額との差が大きくなります。**たとえば、平均年収800万円の妻の年金額は約250万円、1000万円の夫の年金額は約300万円。世帯年収1800万円が、年金生活になると、550万円の3分の1以下に。ざっくり言うと、支出を今の3分の1以下にする必要があるということです。これって、それなりの老後資金がないと、かなり窮屈な生活になりますよね。

共働き夫婦、特に2人とも高収入の場合、お互いの年収額を知らないというケースもあります。まずは年末に受け取る「源泉徴収票」を公開して、お互いの年収額を確認しませんか？　もう一歩進んで、年金見込み額をシミュレーションしてもいいかも（P.203）。今のことだけを考えて、自分たちの「フツー」感覚でお金を使うのは危険ですよ。

まとめ

「今は」使えるお金があっても、この先もあるとは限らない

第五章

備える

41

年金生活の2つの後悔と2つの誤算

「老後が不安」って、よく聞くセリフだけど、不安と言いながら「なんとかなる」「なるようになる」と思ってませんか？　老後は少し遠くにあるから、ぼやけてよく見えないんです。そこで、すでに老後の生活をスタートさせている人が感じる2つの後悔と2つの誤算を紹介しながら、老後のリアルな実感をつかんでみますね。

後悔その1　もっと貯金しておけばよかった

だよね～、お金はたくさんある方がいいに決まってるもの。でも、この後悔の真意は、そんな単純なことではないと思います。「現役中にできるだけお金を使わないで貯めておけばよかった」ではなく、**「自分が大して大事だと思わないことに使うくらいなら、そのお金を貯金しておけばよかった」**ということなんですね。

お金は使わないことよりも、上手に使うことの方が難しいと、前章に書きました。何に使ったら、使ってよかったと満足するのか？　どういう使い方をしたら幸せな気持ちになれるのか？　それを知ってお金を使っていたか、知らずに使っていたか……老後になって手元の預金残高が同じでも、気持ちはずいぶん違うと思いますよ。

後悔その2　もっと自分の年金を増やせばよかった

老後の生活の支えの大部分は公的年金です。ずっと専業主婦や扶養内だと老後の年金は月6・5万円程度。会社員だった夫と暮らしている間は生活に困ることはないかもしれませんが、離婚したり、夫の他界後、自分が長生きした場合は、自分の年金が少ないと生活に困ります。

年金額を増やすには、扶養から外れて厚生年金に加入するのが近道。でも「四の五の言わずに厚生年金に加入しましょう」ではありません。厚生年金に加入するために働く時間を増やすことで失うものと、加入して得るものを知ったうえで、自分にとってのベストアンサーを出すことが、後悔を回避することにつながります。いずれにしても、**年金を受給し始めてから「こんなに少ないとは思わなかった」はア**

ウトですからね。

誤算その1　予想以上に医療費がかかる

今、元気でめったに病院に行かない人は、病院通いが日課になる生活がイメージしづらいかもしれません。一生にかかる医療費のうち約6割は65歳以降に使います。また平均寿命が男性より長い女性の方が、生涯で使う医療費が多くなる傾向も。現役中の病気やケガは一過性のことが多いので、医療費を変動費に分類する家計が多いです。でも、**老後は「完全には治らず、一生つき合い続ける病気」が増えます。**通院と投薬がルーティンになるので医療費が固定費になり、家計を圧迫することに。

誤算その2　介護保険料が家計の負担になる

出生率を上げようと政府はいろいろやっていますが、超高齢化社会はそう簡単には変わらないし、社会保険料負担が重くなることは予測がつきますよね。年金から天引きされる社会保険料（主に介護保険料）が増えれば、年金の手取り額は減ります。また介護保険を利用した場合の利用者負担は、一般的には介護サービスにかかった費用の1割ですが、一定以上の所得がある人は2割または3割を負担。それが近々、2割負担の対象範囲を拡大する流れになっていきます。つまり介護費用の負担が増えるってことです。

で、私が言いたいのは、今から節約をして老後のために1円でも多くお金を貯めよう！ではありません。老後の生活のために今の生活がわびしく、つまらないものになるのはイヤです。**ただ取り返しがつかない時期になって「こんなはずじゃなかったのに」の後悔と誤算は避けたい。そのために今できることをやろう！**ということです。

まとめ

今も老後もハッピーになるために、
できることを今やる

42

老後の家計は今の家計の延長線上にある

老後資金は借りることができないから、計画的に準備しましょう！とは言ったものの、「でも、いくら準備したらいいかわかんないんだよ～」という声が聞こえてきそう。人生の三大支出（住宅資金・教育資金・老後資金）の中で、一番遠くにあってイメージしづらいのが老後資金。「老後資金」って言われても、何にいくらかかるのか、漠《ばく》っとしてわからないですよね。なので、まずは老後の家計を知ることから始めましょう。

で、今度は「でもさ～、老後の家計なんてイメージできないよ～」との声。でも、老後はいきなりやってくるわけではありません。明日、明後日、明々後日……と続いて、老後につながっていきます。つまり、老後は「今」の延長線にあるということ。なので、老後の家計を知りたければ今の家計を知ること。今の家計を知る方法はP.51でご説明した通りです。これをベースにして、老後の家計を導き出します。**今の家計から老後はなくなる支出を削り、反対に老後に金額が増える支出を確認します。**

老後になくなる可能性が高いのは教育資金用積立、老後資金用積立、完済した住宅ローン、保険料

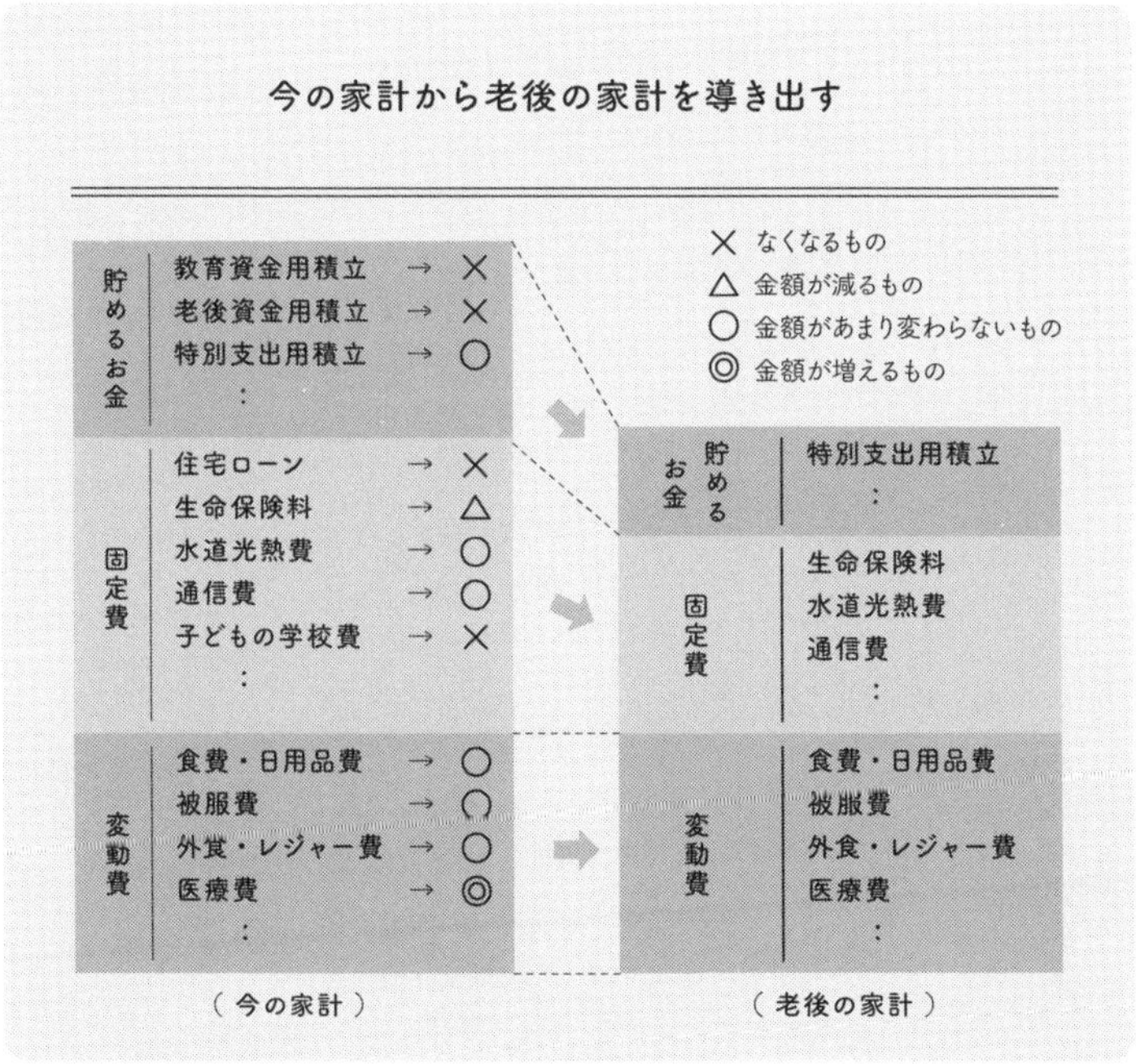

を払い終えた保険、子どもの学校費。反対に金額が増える可能性が高いのが医療費。特別支出用積立は、老後に減る支出と新たに加わるものがあるので、ここでは全体としてあまり変わらないものとみなします。水道光熱費、通信費、食費・日用品費も今とあまり変わらないと想定。被服費、外食・レジャー費は、支出額は今とは違うかもしれませんがとりあえず残しておきます。細かい金額よりも、老後の家計のイメージをつかむことが大事です。

今、出ていくお金が多くても、その内訳が住宅ローン、教育費、定年までに払い終わる保険などで占められているなら、それらは老後にはなくなるので、今より支出が減る可能性が高いかも。一方、今賃貸住まいで老後も借り続ける場合や、今子どもが小学生でほとんど教育費がかかっていない場合は、老後に出ていくお金が今とあまり変わらないことに。

世間一般でよく言われる「老後の生活費は現役時代の7割程度」なんてフワッとした金額より、ざっくりでも、**わが家の「今」を根拠に導き出した老後の家計の方**

がよっぽど信ぴょう性があります。漠然としていた「老後資金」が少しは具体的になると思いますよ。

まとめ

今の家計から老後の家計を導き出すことで、年金生活で収入が減っても焦らないで済む

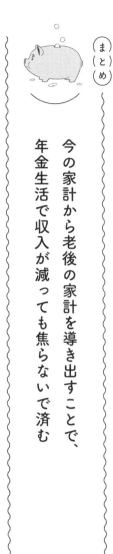

43

一般論はいいから、自分の老後のお金を知る

「老後2000万円問題」って、聞いたことありますよね？　あれって、一般的な夫婦の、一般的な老後の生活費が、30年で約2000万円の赤字になるっていう話なんです。金融庁がそんなことを発表するものだから、年金生活に入る前に2000万円貯めておかないと生活費が足りなくなる、今から2000万円も貯めるの絶対無理だ～！と、世間が騒いだわけですね。

老後のお金を準備するなら、一般的な夫婦の一般的な老後の生活ではなく、わが家の場合の老後のお金を知りたいですよね。前項で導き出したわが家の老後の家計を軸にして、老後のためにいくら備えておいたらいいかを考えます。そのためには次の3つを知ることが大切です。

1　公的年金額を知る

おおよその年金額は「ねんきん定期便」と「公的年金シミュレーター」で試算できます。 年1回、誕生月に日本年金機構から郵送される「ねんきん定期便」に印字されている2次元バーコードをスマホのリーダー機能で読み込むと、公的年金シミュレーターにアクセスできます。ＩＤ・パスワードが不要なので簡単です。年金から引かれる税金や社会保険料も出るので、おおよその年金の手取り額もわかります。公的年金シミュレーターは年金額を簡易に試算することを目的としているので、実際の年金額とぴったり一致はしませんが、年金の目安額を知るには便利です。

2　老後の特別支出を知る

老後の生活にも、毎月出ていくお金とは別に、まとまった金額の支出があります。老後に出ていく特別支出には、固定資産税、火災保険料、地震保険料、自動車税、車検代、家のリフォーム費用、家電の買い替え費用、車の買い替え費用などの現役時代とほぼ変わらない支出と、子どもの結婚資金援助、葬儀費用、お墓の購入費、介護費用など新たに加わるものがあります。

税金、保険料、車検代、家のリフォーム費用、家電・車の買い替え費用など現役時代とあまり変わらない支出は、過去に自分が払った金額を、子どもの結婚資金援助などは自分が親からもらった金額を参考にして目安額を出してもＯＫ。葬儀費用やお墓代はネットで調べて、おおよその見当をつけます。

この中で**特に重要なのが介護費用**。必要になる金額は人それぞれですが、とりあえずの目安として、月８・３万円、必要になる期間は５年１カ月、住宅改造や介護用ベッドの購入費などの一時的な費用は74万円で合計約５８０万円を想定しておくと無難かも（生命保険文化センター「介護にはどれくらいの費用・期間がかかる？」参照）。

3　老後資金として使えるお金を知る

最後に、老後資金として使える公的年金以外のお金を確認します。退職金の金額、企業年金・個人年金保険・掛け金を毎月積み立てる私的年金のｉＤｅＣｏの受取総額、その他、老後のために貯めているお金、ぜ〜んぶの合計額を出します。この分を老後の毎月の生活費の不足分に充ててもいいし、特別支出用にしてもよし。

老後資金が必要になるのは定年後から死ぬまで。死ぬまでと言われても、いつ死ぬかわからないし、人生１００年時代と言うから長〜いかもしれないし。教育資金や住宅資金に比べて、必要になる金額がわかりにくいから、老後資金のことを考えるのが面倒になっちゃいますよね。でも、これら3つの老後に関わるお金について知るだけでも、老後のお金の輪郭が見えてくると思います。

面倒だから考えないというのはダメ。**見て見ぬふりをすると、老後資金という不安からいつまでたっても解放されませんよ。**

まとめ

自分の年金額を今日、スマホで調べて知る。
それが老後のお金の不安から解放される一歩だ

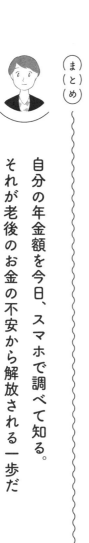

44

長生きをリスクにしないための年金額の増やし方

65歳男性の平均余命は19・44年、女性は24・30年（厚生労働省「令和4年簡易生命表」）。今65歳の男性は84歳まで、女性は89歳くらいまで生きるってこと。「長寿」って、本来はおめでたいことなのに、長生きするとその分、老後資金が多めに必要になるから素直に喜べないんですよね、今どきは。「長生きリスク」なんていう言葉もあって、老後のお金に不安を感じる人は少なくないです。

老後のお金の不安を軽くするには、老後資金を貯めることがマストですが、公的年金の受給額を増やすことも大いに役立ちます。**使ってしまえば終わりの貯金と違って、公的年金は生きている限り受け取ることができます。**これって、スゴいことなんですよ。民間の保険会社の個人年金保険で一生涯、年金を受け取れるなんてものは、めったにないですから。

老後の生活で頼りになる公的年金の受給額を増やす方法を知っておけば、老後のお金の不安が軽減されるはずです。

パートなら厚生年金に加入する

日本に住んでいる20歳から59歳の人はすべて国民年金に加入することになっています。なので、通常は、受給開始年齢の65歳以降、「老齢基礎年金」として受け取ることになります。

また、第三章でしつこいくらい書きましたが、パートで働いている妻が夫の社

厚生年金に加入すると年金がいくら増えるか?

（ 月収8.8万円の場合 ）

加入年数	増える年金額の目安
1年加入	5200円／年 × 終身
10年加入	5万2800円／年 × 終身
20年加入	10万6800円／年 × 終身

厚生労働省　日本年金機構『社会保険適用拡大ガイドブック』を参考に編集部で作成

会保険の扶養から外れて、自分で厚生年金に加入すると、老齢基礎年金に加えて老齢厚生年金を受け取ることができます。年金額を増やす確実な方法ですね。

自営業者なら「付加年金」に加入

自営業者は厚生年金に加入することはなく、国民年金にのみ加入することになります。なので、年金額は会社員より少なくなります。その対策の一つが「付加年金」です。国民年金の保険料にプラスして月400円払うと、「200円×付加保険料を払った月数」分、年金額が増えます。

たとえば、付加保険料400円を20年間（240カ月）払うと、年4万8000円、年金額が増え、増えた年金額を死ぬまで受給できます。増える金額は少ないですが、**年金を2年間受け取れば、払った保険料のモトが取れる**のでコスパがいいです。それに、老齢基礎年金は満額でも約80万円だから、数万円でも増えるのは見過ごせないですよ。

60歳以降、国民年金に「任意加入」する

国民年金は20歳から59歳までの40年間、480カ月分の保険料を払うと老齢基礎年金の満額の年金額を受給することができます。大学生時代は保険料を払っていなかったとか、転職する際、次の会社に就職するまでの間払っていなかったなど、保険料を払っていない期間があると、その月数分、年金額が減ります。

保険料の納付期限から2年以内なら（学生納付特例制度等の猶予は10年）、保険料を支払うことができますが、2年を過ぎるとあとから払うことはできません。その救済措置が、国民年金の「任意加入制度」です。

国民年金に加入できるのは原則59歳までですが、60歳以上64歳の間、任意加入することができます。**この間に480カ月に満たなかった分の保険料を払うことで、年金額を満額に近づけることが可能。**加入できるのは60歳以上64歳までの5年間なので、未払いの期間が5年超の場合は満額にはなりませんが、年金額は増えます。また上限は480カ月までなので、480カ月分になったら加入は終了です。

国民年金に任意加入して、1カ月分の保険料1万6980円[※1]を払うと、年金額が1カ月約1700円増えます。仮に大学生時代、20歳から就職するまでの期間が2年半（30カ月）であった場合、保険料を払っていない月数を任意加入して払うと、年金額が5万1000円増えます。20年間受給すると、未払いにしておいたときよりも総受給額が102万円[※2]多くなる計算です。

※1　令和6年度の場合　※2　令和6年度の老齢基礎年金の満額で計算

「繰り下げ受給」で年金の受け取り開始を遅らせる

年金の受け取り開始年齢は、原則65歳からですが、60歳から75歳までの間で早めたり（繰り上げ受給）、遅くしたり（繰り下げ受給）できます。繰り下げ受給すると年金額が増え、繰り上げ受給すると年金額が減ります。

65歳を基準として、受け取りを1カ月遅らせるごとに年金額は0・7％増えていきます。70歳まで遅らせれば42％、75歳までなら84％増えます。たとえば、老齢基礎年金の65歳での受給額が、令和6年度の満額の81万6000円だとしたら、70歳まで繰り下げると115万8720円、75歳まで繰り下げると150万1440円に。

老齢基礎年金と老齢厚生年金の両方を受給する場合は、両方とも繰り下げることも、どちらか一方だけを繰り下げることも可能です。ただし老齢厚生年金を繰り下げると、老齢厚生年金とセットになっている「加給年金」[※]の受給開始も遅れます。

加給年金は64歳以下の妻がいる夫が受給するので、繰り下げている間に妻が65歳に達すると受給できなくなるので注意。

※夫の厚生年金の被保険者期間が20年以上、妻の年収が850万円未満、妻の年齢が64歳以下などの要件を満たした場合に受給可

受け取り開始を遅らせて年金額を増やせば、その額を死ぬまで受け取ることができます。これって、長生きをリスクにしないための強力な策ですよね。

が、しかし「遅らせても、早く死んじゃったらモトが取れないよね」との声も。下のグラフの通り、70歳受給開始の人の受給総額が65歳開始の人を抜くのが81歳、75歳受給開始の人の受給総額が65歳開始

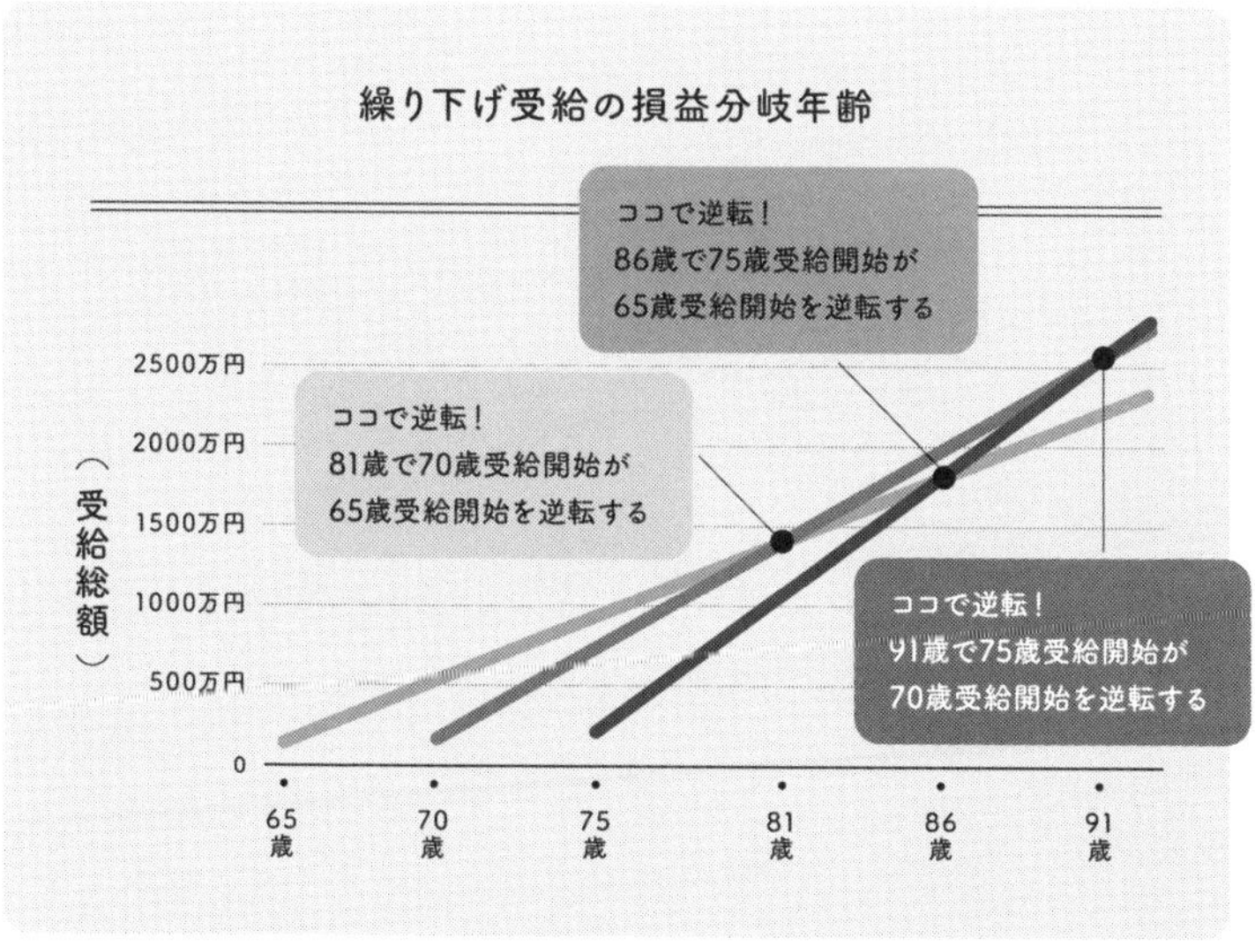

※老齢基礎年金を令和6年度の満額の81万6000円で計算した場合

の人を抜くのが86歳。冒頭に書いたように、男性が84歳まで、女性が89歳くらいまで生きるとしたら、男性は70歳開始、女性は75歳開始にしても、モトが取れるまで長生きできる計算になります。あくまでも平均余命通りに長生きしたらの話ですけどね。

いずれにしても、年金額を増やすことのできる「繰り下げ受給」という制度を知らないで、日本年金機構からお知らせが来たからと、なんとなく65歳から受け取り始めるのはダメ。**何歳まで生きるかはわからなくても、自分の老後プランとして、受給開始年齢を自分で決めて選択することが大事です。**

まとめ

年金という柱を太くして、長生きリスクに対抗する

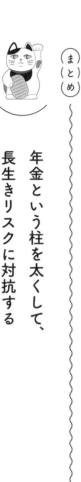

45

iDeCoで「自分年金」をつくる

「iDeCo（イデコ・個人型確定拠出年金）」とは、国民年金と厚生年金とは別に、加入できる私的年金制度のこと。毎月、積み立てた掛け金を投資信託などで運用し、60歳以降に老齢給付金として受け取れるというもので、高度障害または死亡した場合は障害給付金、死亡一時金として受給することもできます。掛け金の金額や運用する商品の選択などを全部、自分で決める「自分年金」であることが特徴です（詳しくは次ページの表を参照）。

iDeCo とはこんな制度

加入できる人	64歳までで国民年金または 厚生年金に加入している人
iDeCo口座を 開設できる金融機関	証券会社、銀行、保険会社
対象商品	投資信託、定期預金、保険商品など
購入方法	原則は毎月決まった金額分ずつ 積み立てる
掛け金	5000円以上で1000円単位
掛け金の上限	自営業者　月 6.8 万円※1（年 81.6 万円） 専業主婦　月 2.3 万円（年 27.6 万円） 会社員※2　月 2.3 万円（年 27.6 万円）
受給開始年齢	原則は 60 歳から 75 歳までの間
受け取り方	分割、一括、両方の組み合わせ 分割の場合は 5 年以上 20 年以下の期間

※1 国民年金基金の掛け金または付加保険料を納付している場合は、その分を合算した上で月 6.8 万円が拠出上限となる　※2 企業年金に加入していない場合

ｉＤｅＣｏの主なメリットは次の３つです。

1　並外れた節税パワー

ｉＤｅＣｏのスゴいところは、なんといっても節税効果。払った掛け金の全額が、所得税・住民税の対象外。つまり、収入から払った掛け金の分が引かれて、所得税・住民税が安くなるということです。

また、ＮＩＳＡと同じように、ｉＤｅＣｏ口座を利用して得た利益は全額非課税。本来なら引かれる約20％の税金が引かれずに、儲かった分を丸々受け取ることができます。さらに60歳以降に受け取るときも税金が優遇されます。

ただし、税金を払っていなければ節税のメリットはありません。夫の扶養内の人でもパート収入があり、自分で所得税を払っている人は節税メリットがありますが、パートで働いていても所得税を払っていない人はｉＤｅＣｏを利用しても、あまり意味がないかも。

2　毎月、少額から無理なく老後資金がつくれる

ｉＤｅＣｏは毎月、掛け金を積み立てるもので、５０００円の少額から始められるのもお手ごろで始めやすいですよね。５０００円以上１０００円単位で決めることができます。また、ｉＤｅＣｏを活用するなら投資信託がオススメです。ＮＩＳＡの「つみたて投資枠」で投資信託を積立購入するのと同じような要領で、長期・積立・分散投資が可能に。

3 途中で引き出せないから確実に備えられる

ｉＤｅＣｏは自分年金を準備するための口座なので、原則60歳まではお金を引き出せません。それをデメリットと感じる人もいると思いますが、**途中で引き出せないからこそ、確実に老後資金を備えることができるんですね。**

一方、ｉＤｅＣｏに加入する際に留意したいのが、ｉＤｅＣｏ口座を開設したり維持したりするのに手数料がかかること。手数料は金融機関によって違いますが、最低でも年２０００円程度。ｉＤｅＣｏで選べる商品の中には定期預金もありますが、定期預金は低金利のため利息はあまり期待できません。手数料で資産が減ってしまう可能性もあるので商品選びは慎重にしましょう。

老後資金の備え方には、預貯金で貯める、NISA口座で投資信託を運用する、公的年金の受給額を増やすなどいくつかありますが、そこにiDeCoで「自分年金」をつくってプラスするというのも、十分検討に値します。備えは多いほど、老後の自分に安心を用意してあげることができますから。

まとめ

iDeCoは節税しながら老後の備えもできて一挙両得

46

夫に万が一のことがあったらゲームオーバー!?

夫婦2人分の年金を合算させて生活している間はお金に困ることがなくても、夫が他界して妻が一人残されると、途端にお金事情がひっ迫するケースが多いです。年金は夫婦であってもそれぞれの名義で受け取ります。**夫の年金はあくまで夫のもの。生きている限りは受け取れる終身年金ですが、夫が亡くなれば夫名義の年金は支給されなくなります。**「でも夫が死んだら、遺族年金っていうのがもらえるんでしょ?」と思いますよね。確かに、夫が会社員や公務員だった場合には、年金生活に入った妻にも遺族厚生年金が支給されます。

でも、夫が国民年金のみに加入していた自営業者だった場合には、支給されるのは遺族基礎年金となり、受給資格があるのは、18歳の誕生日後、最初の3月31日を

夫に万が一のことがあったら

例1：妻がほぼ夫の扶養内だったケース

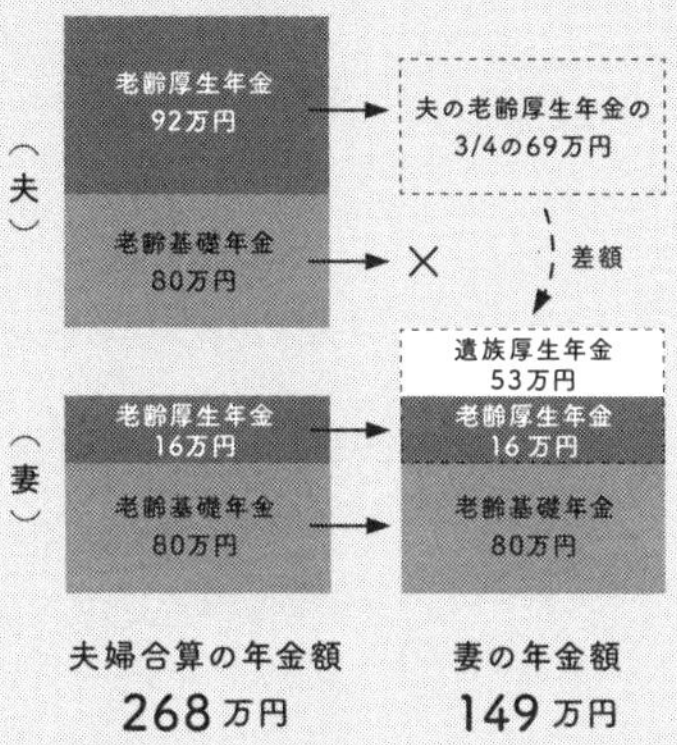

夫が会社員だったころ、妻はほぼ夫の社会保険の扶養内だったので、妻の老齢厚生年金が16万円のケース。夫の老齢厚生年金の4分の3の69万円と16万円の差額の53万円を、妻は遺族厚生年金として受け取り、結果的には夫の老齢厚生年金の4分の3と同じ金額になります。

例2：妻の会社員時代が長いケース

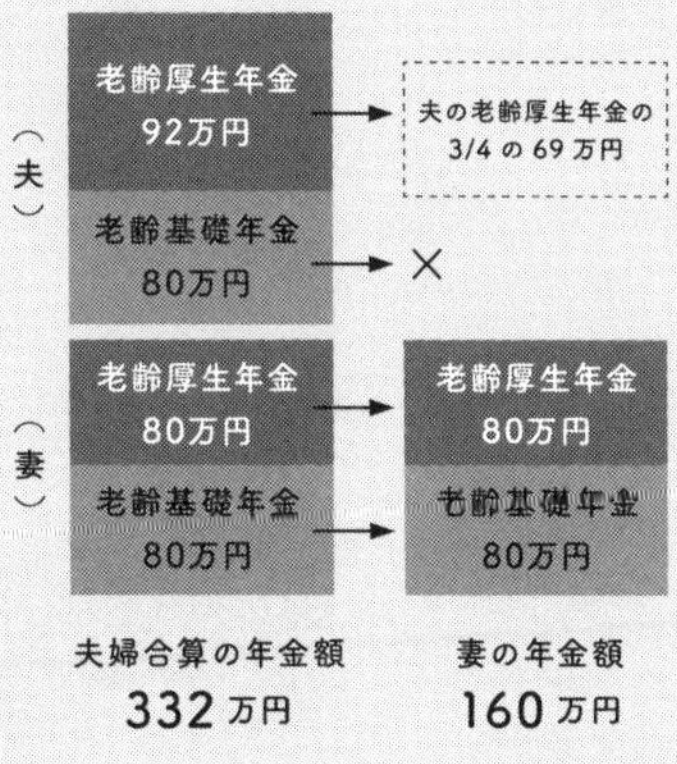

妻の厚生年金の加入期間が長く、自分名義の老齢厚生年金を80万円受給しているケース。夫の老齢厚生年金の4分の3は69万円で妻の老齢厚生年金より少ないので、遺族厚生年金の受給はなし。

迎えるまでの子ども（もしくは、障害年金の障害等級1級または2級の状態にある19歳以下の子ども）がいる妻と子ども自身。なので、自営業の夫の死亡時に、**年金生活をしている65歳以上の妻に遺族基礎年金が支給されることは、一般的にはありません。**また夫の厚生年金の加入の有無にかかわらず、夫名義の老齢基礎年金は、夫の死亡後はなくなります。妻に会社員の経験があり、自分の老齢厚生年金があればいいですが、それがないと、満額でも81万6000万円（令和6年度）の老齢基礎年金だけになります。

次に、元会社員・公務員で老齢厚生年金を受給していた夫が亡くなった場合です。妻は、**夫の老齢厚生年金の4分の3と自分の老齢厚生年金の差額を、遺族厚生年金として受給することになります。**前ページの例1は、妻の老齢厚生年金よりも夫の老齢厚生年金の4分の3の方が多いので、その差額を遺族厚生年金として受け取ります。

一方、例2のように、夫の老齢厚生年金の4分の3よりも、妻の老齢厚生年金の金額の方が多い場合には、妻が受け取る遺族厚生年金はゼロに。自分の老齢厚生年金が多いと遺族年金がもらえないなんて、納得がいかない気もしますが、そういう